JN252882

日本経済の心臓

証券市場誕生！

監修・日本取引所グループ
鹿島茂

集英社

日本経済の心臓

証券市場誕生！

目次

2 明治・大正期――兜町と北浜――

3 昭和期 戦後の証券市場復興と隆盛

はじめに

株価は、経済の象徴であり景気のバロメーターとして扱われています。しかし、その株価が決まる日本の証券市場（狭義には証券取引所）がどういう歴史を持っているかについては、目立った文献も少なく、一般には広く知られていません。

わが国において有価証券が誕生し、その有価証券が初めて公設の取引所で売買されたのは今から約２９０年も前のことになります。ちょうど世界では、清朝がチベットを征服し、ヨーロッパではようやく海賊の黄金時代が終わろうとしていた時期にあたり、米国独立の約50年前にあたります。そしてその日本初の公設取引所、世界最初の公設の証券先物取引市場でもありました。

世界最初の公設の証券先物取引所の誕生は、江戸幕府第８代将軍徳川吉宗が、享保15

（1730）年に大坂の堂島米会所を設立した時です。堂島米会所は当時の日本最大の米市場でしたが、現在の証券取引所が有する種々の制度と遜色ない制度を有していた取引所でもありました。

本書はまず、大坂にこの米市場ができた経緯と、それがなぜ世界最初の証券先物取引市場になったのかをわかりやすく解説します。

日本に本格的証券市場が誕生したのは、明治11（1878）年に東京の兜町に設立された東京株式取引所と大阪の北浜に設立された大阪株式取引所が誕生した時です。この誕生において、本書は主に東京では3人の人物に注目します。一人は、日本資本主義の父と言われる渋沢栄一。二人目は洋銀取引から若くして財を成し、私設の公債取引所設立から関わることになる今村清之助。そして最後の一人は、〝天下の糸平〟と言われた田中平八です。幕末に信州から忽然と現れ、巨万の富を築いた田中平八と、同じく信州から現れ、盛時には両毛鉄道を興し鉄道王とも言われた今村清之助が、渋沢と共にこの東京における市場誕生に関わったことはあまり知られていません。大阪では五代友厚が中心になって市場誕生が行われます。この東阪4人の働きを通じて、日本における最初の本格的証券市場の誕生を振り返ります。

さらに、第二次世界大戦後、連合国軍最高司令官総司令部（GHQ）の施政下で、現在の日本取引所グループ下の大阪取引所と東京証券取引所の直接の前身となる、大阪証券取引所と東京証券取引所が誕生します。財閥解体、証券の民主化を通じて、日本に米国型の証券市場を導入しようとしたＧＨＱによって始まった新しい市場の誕生を振り返ります。

私たち日本取引所グループは、本書によって、これらの日本の証券市場の誕生と発展の歴史をより多くの方々に知っていただき、証券取引をもっと身近に感じていただけるようになることを願ってやみません。

各章扉写真

昭和初期の旧東証ビルから移管した銅板レリーフ。農業、商業、工業を象徴する。

（撮影・中島伸浩）

1

江戸期

証券取引の夜明け

1　米は大坂を目指す

豊臣秀吉による天下統一によって、応仁の乱からおよそ１００年以上続いた戦乱の世が終わり、平和な世の中がもたらされました。新たな町づくりのための城郭建築や新田開発が盛んとなり、藩外から購入する木材や肥料などが増加しました。それらの購入物の対価を支払うために貨幣が必要となり、各藩は藩内の消費を超える米の余剰分（以後、領主米と言います）をより多くの金銀に替えなくてはならなくなりました。

従来、米を含むその土地の生産物は、産出者の農民や知行を受けた家臣が領国内の米問屋などで換金し、米問屋などが藩の内外でそれらを売り捌(さば)いていました。しかし、領国内市場で換金できる量には限界があるので、より人口が多い藩外の都市で販売をしなくてはなりません。現代であれば、トラックや貨物船などを使って迅速に大都市へ輸送することができますが、戦国時代や江戸時代では米を安全かつ大量に遠隔地へ輸送することは、とても困難でした。従って、米の多くはなるべく産地に近い近郊の都市で売却されていたようです。

事実、豊臣政権が全国の大名領地内に設置した直轄地（蔵入地）で産出された米は、それぞれの蔵入地に近い都市の商人に委託して金銀に替えられ、その金銀を大坂へ運び込む方法が取られていました。宮本又郎『近世日本の市場経済』には、羽後地方の蔵入地の米の管理を任された小浜の豪商・組屋源四郎が、津軽で２４００石の米を収納した後、南部で１７４６石、小浜で４６４石を売却処分した事例が紹介されています。

また、宮本又郎は、大坂に米が搬入される場合の運賃を紹介しています。それによれば、先の組屋の事例では、米の売却代金・金21枚３両のうち、手数料と運賃で金13枚３両が組屋に入っていると示し、その手数料割合は６割に達すると分析しています。これだけ手数料の割合が高いと、運搬費用を支払って大坂に米を移動させても、場合によっては米の売却益がまったく手元に残らない可能性さえありました。

こうした状況は、江戸期に入り、河村瑞賢などの活躍により海上交通が整備されたことで、いくらか改善されたようです。とはいえ、藤村聡『近世中央市場の解体』によれば、秋田藩が大坂へ米を運搬する際に、その運搬コストは売却総代金の25％に達したと試算しています。

このように、運送コスト等の事情からも基本的には、領主米は領国内市場や産地に近い都市で換金されていました。しかし、統一政権が誕生し、各地の大名の経済活動が活発になり、領主米の生産量が増加すると、より高い価格でより多く売却しようとする動きが始まります。

歌川広重「浪花名所図会　八軒屋」。土佐堀川に架かる天神橋と天満橋の中間にあった河岸。ここは京阪を行きかう交通の拠点となり、淀川を使って京都から運ばれてきた人や荷物が下された。©大阪府立図書館

豊臣政権下で蓄えられた経済的豊かさを江戸時代においても継承し、東西の交通の要衝として整備された大坂は、米の流通・換金においても、様々な面で有利でした。後発の江戸などとは比べようもなかったほどのにぎわいでした。このことを日本経済史の研究者である本庄栄治郎が「徳川幕府の米価調節」の中で、明治期に大坂を振り返って書かれた『大坂商業習慣録』から次のように引用しています。

「蓋し往年諸藩の経済を立つる根本たる農租即ち米穀を売るに当たり、大坂は豊臣氏の故跡にして、当時已に市民の資財に裕なるものありしは、素より新開の江戸と同日の論に非じ。故に全国の物貨何品を労せず運入するも之を購入するに苦まず、又地勢東西の枢要を占めたれば、諸藩の米穀を爰に輸入して金銀に代える、此地を棄てて他に求むべき所なきなり」（諸藩の経済的な基盤である年貢、つまり米穀を売るには、大坂は豊臣政権がつくった基盤があり、当時大坂には富裕な人が多く、そういうことでは新しくできたばかりの江戸とは比較にならなかった。だから、全国の物品を簡単に搬入でき売買するのもたやすい。交通の要衝にあることもあり、諸藩の米穀を金銀に替えるのに大坂以上によいところはないのである）

江戸時代が始まる前後から、西国の大名たちは、領主米を大消費地の大坂に運び売却を試みる動きを見せたほか、他国の米を買付けて、高値で売却したという話もあります。先に紹介した宮本又郎の調査では、西国大藩の福岡藩、熊本藩が、大坂の陣の後に数千石の米を大坂へ移送して試験売却していたことがわかっています。また、寛文期から元禄期にかけての17世紀後期には、北国諸藩の大坂での米の売却も本格化し、大坂には、西国と北陸を合わせて190万石という大量の領主米が持ち込まれたようです。

こうした藩の米売却に関与していたのが大坂の米仲買人であり、彼らが藩と大坂米市場を結び付け、大坂米市場を世界に先んじた証券先物取引市場とする重要な役割を担いました。

また、人口動態の研究者である関山直太郎によれば、享保6（1721）年の大坂の人口は38万人ほどとされています。人間一人の米の年間消費量は多めに見ておよそ70キログラムぐらいですから、関山の言うとおりなら、大坂では年間におよそ2万7000トンの米が消費されたはずです。宮本の説によれば190万石（＝28万5000トン）の米が大坂に流入していたことになりますから、これらを前提にすれば、大坂には明らかに消費される以上の米が運び込まれており、大坂米市場は単に食品として米を扱う市場ではなかったことになります。おそらく、この過剰な米の流入に関連して、米を媒介とした「金融システム」があったと推測されます。これが、世界的にさきがけとなった「証券先物市場」が大坂に成立したと言われるゆえんなのです。

2　蔵屋敷と米切手

大坂での初期の米取引は、領主米の販売を委託された米問屋が、自店の店先に米仲買人を集めた米市によって行われていました。その中で有力で知られたものは淀屋（よどや）で、井原西鶴の『日本永代蔵』にもその取引の盛んな様子が描かれています。また、近松門左衛門はこの淀屋が闕所（けっしょ）になった事件を浄瑠璃に書いています。

藩にとっても、この米の委託販売は管理実務上煩瑣（はんさ）で複雑なものになってきたので、大坂に領主米を置く蔵を建てて、そこに実務担当者（蔵役人）を配置するようになります。各藩の米取引の責任者である蔵役人には、藩の厳しい財政をやりくりするため、蔵の米を思惑どおりの値段で仲買人に買わせて、藩に必要な資金を調達するという使命がありました。蔵役人たちはこうした実務に通じており、蔵役人同士が寄り合って談合し、いつ各藩の蔵米を仲買いに出すのか情報交換をしていたと言われています。[*1] これが大坂の蔵屋敷の発端と言われています。この蔵屋敷の土地は大坂の町人から借り上げたものでした。[*2]

蔵屋敷は大名家が豊臣政権から拝領した上屋敷に領主米を運び込んだことが原型とされていますが[*3]、元禄年間には95の蔵がありました。この蔵屋敷で国元から送られてきた物産を大坂の商人に売り捌くのですが、米については売買で移動させるには重くてかさばることから米切手（写真P18）と呼ばれる証書の形で販売しました。なお、後年江戸にも各藩の蔵屋敷ができるのですが、江戸では米切手が大規模に発行・流通したことはありませんでした。

米切手は写真のように長方形で、丈夫な厚紙でできています。偽造防止のためにわざと判読が難しい文字で「○年産米○俵　○月○日引き替え期限　米商人○○支払い済　引き渡し期限を超過した場合は引き替えに応じません。蔵に保管されている米が水没しても燃えても引き替えに応じます。発行者○○藩」というような内容が書かれています[*4]。

蔵屋敷側が米切手を用いて米を売却する、つまり米切手を発行するのは二つの方式がありました。有力な米の仲買人たちだけを集めて入札制度を用いて売却する方式と、実際に米市で米を売り捌く米の仲買人と直接相対で売却する方式でした[*5]。

各藩は、入札にかける米の数量（発行される米切手の量）を大坂・渡辺橋の袂（たもと）の高札に掲げて告知していました。これを見て、各商人は入札に臨むわけです。各藩の入札に参加できたのは、「蔵名前」という権利を持つ資本力のある大商人のみでした。これは、藩が競争入

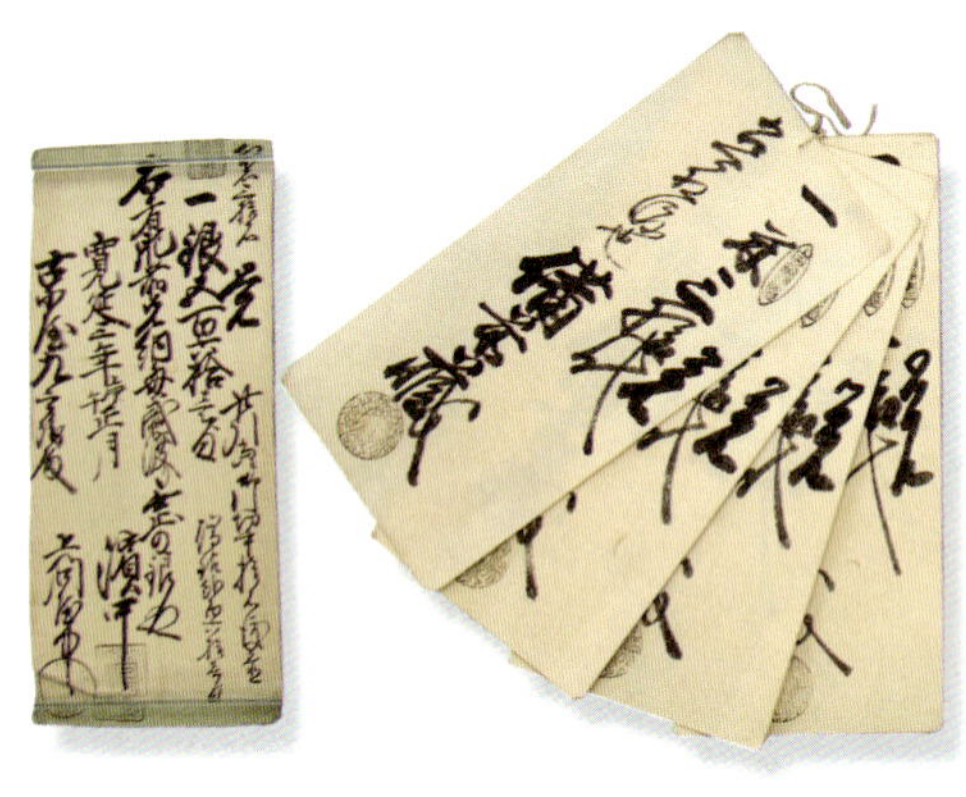

左から、浜方先納手形、備前蔵米切手（先納切手）、筑後蔵米切手。通常の米切手は、厚紙を裁断した長方形の用紙に、切手と交換できる俵の数、産年、蔵名、通し番号などが記載されている。上記の備前蔵米切手は融資のために発行した米切手で産年が記載されていない。筑後蔵米切手は、「酉年30俵」と記載されており、酉年に生産された米30俵と交換できることが記されている。©大阪市史編纂所

札で資本力のある仲買人に領主米をいったん引き取らせるやり方で、いわば現代の金融市場においてプライマリーディーラーと呼ばれる大銀行等が、日本政府の発行した国債をまとめて全量引き受けるシステムと同じような制度と言えるでしょう。

入札制度も現代の国債入札のコンベンショナル方式と似ています。最高価格をつけた商人の総取りではなく、応札価格が高い商人から順番に売り渡し、全量を売り切ったところで入札は終了する仕組みでした。従って、落札価格は一様にはなりません。落札した商人は売買の証拠として買付代金の一部を翌日までに入金し、残りの代金を10日以内に入金する手順になっていました。全額を入金すると、藩側は米切手という証書を発行します。運搬手段を用意して、こ

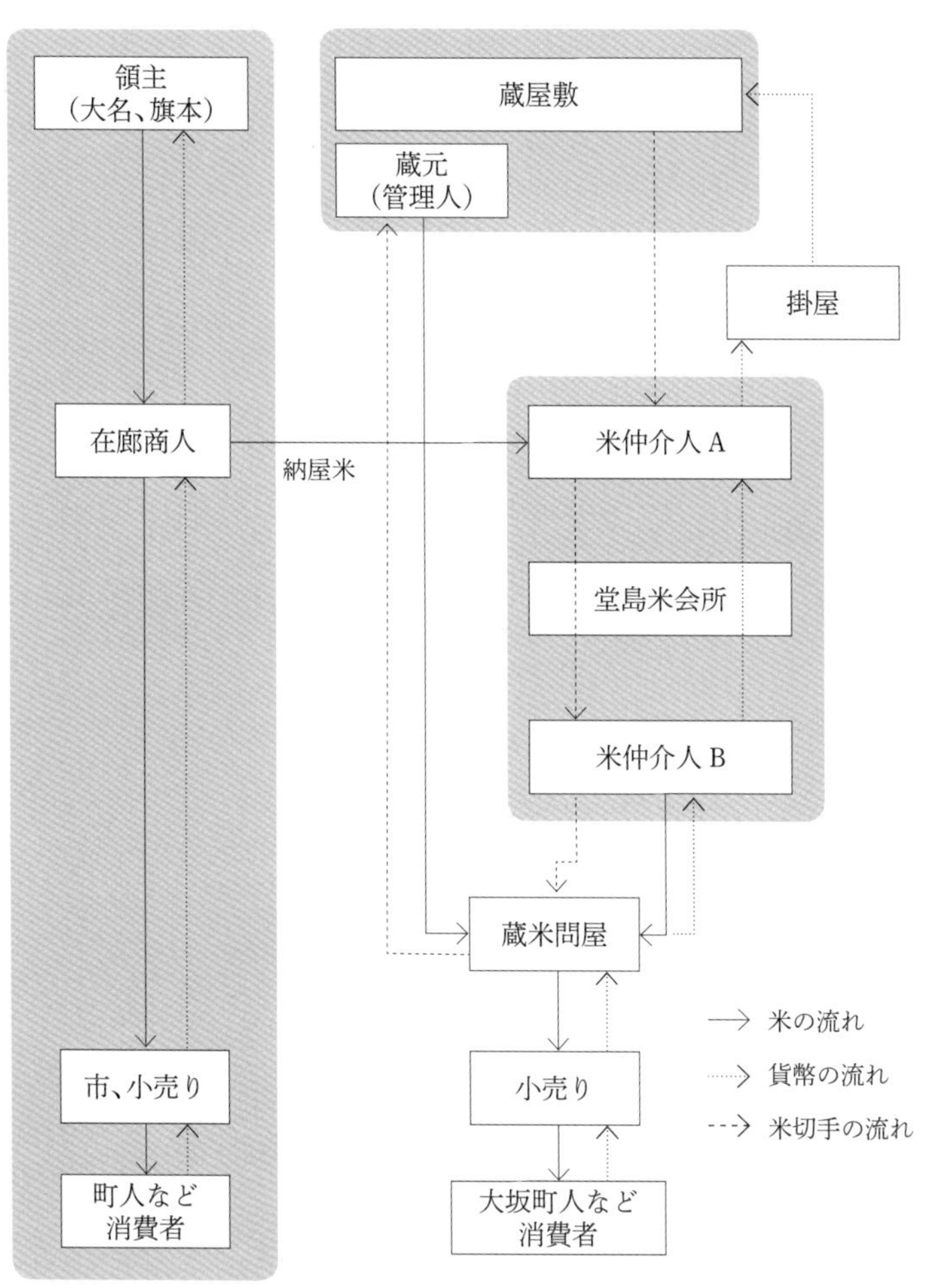

領主米の流通は領内と大坂に大別された。大坂では米切手での流通となる。蔵入札が始まった後は、蔵入札資格（蔵名前）を持つ米仲買人が米切手を仕入れ、相対取引または堂島米会所を介して蔵米問屋に渡った。©日本取引所グループ（同社作成）

の米切手を発行元の蔵屋敷に持参すれば、実物の米と引き替えることができるわけです。

そもそも米切手は、売買された米の保管証書[*6]であり、特定の米俵と一対一の関係[*7]にあるものでしたが、市場が高度化するにつれて、消費するための米を引き替えるのに必要な証券としてではなく、後述するように、藩の財政を支える金融システムに欠かせない証券として利用されるようになっていきます。例えば、蔵屋敷に実際には米がなくても、将来その蔵屋敷に入るであろう米を当てにして米切手が発行されていましたし、保管証券として考えるには、交換期間が長すぎる米切手も発行されていました。こういったことから、米切手は単純な保管証券と考えるのではなく、不特定多数の人間の間でやり取りされる、米の引き渡しを前提とした〝有価証券〟に相当すると考えられます。

3　大坂米市場の概要

米仲買人は、蔵屋敷での入札に参加できない米問屋に入札価格より高く米を売却することで利益を得ていました。こうした米仲買人が米を売り出す市場を米市と言います。現代の金融市場における流通（セカンダリー）市場です。淀屋の店先で米市が開かれ、その繁盛ぶりゆえ、往来の妨害になったほどだそうです。

米市での取引方法は、各藩の米切手を直接売買する「正米商（しょうまいあきない）」と、「延売買（のべばいばい）」と呼ばれる取引でした。「正米商」は実際の米の銘柄・品質に合わせて個々の蔵屋敷が発行する米切手の値段を決める取引です。米は、収穫量が天候で左右されるので価格が変動しやすい商品です。「正米商」の場合、米切手を発行する藩側は米の時価で収入が変動します。これが大きければ大きいほど、藩の財政上の大きなリスクになります。一方、米仲買人や米問屋側は米の仕入れ価格が時価で大きく変動してしまうと、米問屋や大坂の町人への販売価格にその価格変動分すべてを転嫁することは難しいので、仕入価格変動のリスクを抱えることになります。

それに対し「延売買」は、米切手の買付代金を全額払わず、残額を一定期間後に支払うという契約をする取引で、指定された交換期日が来るまでの一定期間中は、その米切手を転売することができました。この取引では、買付代金の一部を払えば取引ができるので、ある程度、価格変動のリスクを抑えることが可能です。また、将来高くなりそうだと思えば、その時点で少ない元手でもたくさん仕入れることができますし、将来安くなりそうだと思えば、早めに転売して損を避けられるため、ある程度安心して一定量を、仕入れることができるのです。こういった買い手側の動きは、安定的な取引が行えることから、売り手側にとっても充分なメリットがあったと推測できます。このように将来のある時点（交換期日）にあらかじめ定められた価格で原資産（この場合は米）を購入、もしくは売却する契約を、現代ではフォワード契約または先渡取引と言い、比較的単純なデリバティブ（金融派生商品）取引と言われます。これと対比されるのが現時点において原資産（米）を売買する契約ですが、これはスポット契約と呼ばれます。「正米商」の取引は、まさしくスポット契約に相当し、「延売買」は先渡契約に相当すると考えられます。[*8]

こうした米の延売買のアイデアは、尾張の米穀商である大橋屋長左衛門と同じ町内の関市右衛門が考案したと伝えられています。土肥鑑高が『近世米穀金融史の研究』において引用する『延米商濫觴記』によれば、伊勢参りの途中、名古屋へ立ち寄った仙台の米商人に奥州の米の作柄が悪いと聞いた大橋屋長左衛門は、仙台米が多く流入する江戸の米価と名古屋の米価を見込んで米を買上げていました。その時、長左衛門は関市右衛門から、「自分も米を買いたいのだが、倉庫がない。そこで、手付60両で５００両分の米を買ったことにして、交換期日の米相場で損得を計算して清算をお願いしたい」と懇願され、了承したとされています（取引内容の詳細はこれ以上わかりませんが、思惑どおり値上がりすれば儲かり、思惑と違ったら手付の60両に損失を限定できる現代のコールオプションです）。

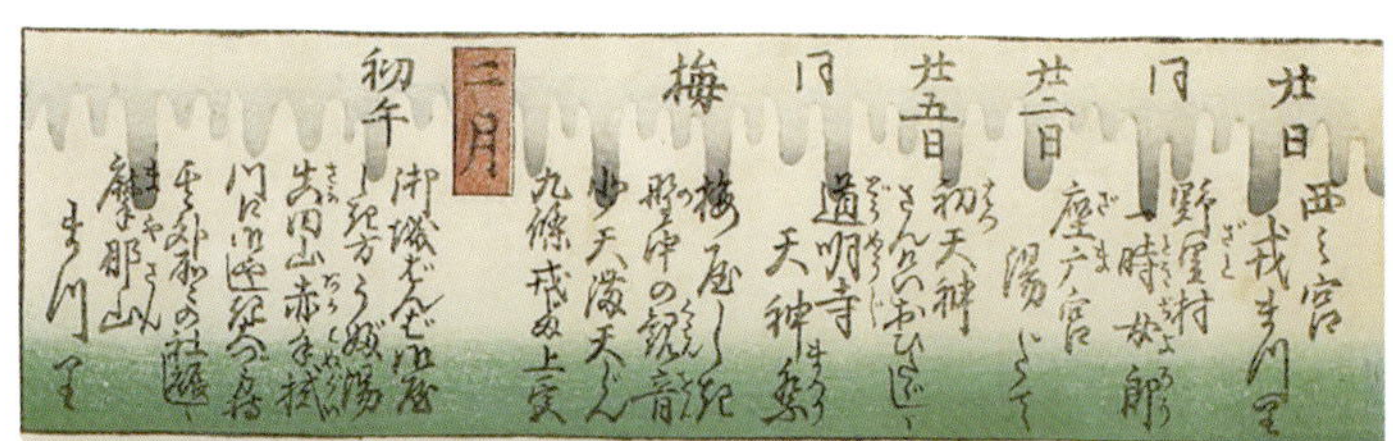

歌川芳豊「花暦浪花自慢 淀屋橋初相場」。淀屋橋は土佐堀川の南北に架かり、南岸は御堂筋とつながる。淀屋橋南岸には淀屋があり店先で米市が開かれたが、幕府の命により闕所となる。この浮世絵は、淀屋闕所後も、米商人が淀屋跡地に集まり米取引を続けた様子を描いたもの。©大阪府立図書館

江戸幕府5代将軍徳川綱吉は、米価への「延売買」の影響を懸念して、「延売買」禁止令を出していますが、効果はなかったようです。大坂の米市では、この「延売買」が全体の取引のかなりの分を占め、米の価格は「延売買」によって事実上、形成されていたからです。

4　大坂米市場と米切手の仕組み

大坂米市場の主な供給者は西国と北陸の各藩で、九州・四国・中国の藩からの米流入量が特に多く、筑前蔵（黒田家）、肥後蔵（細川家）、広島蔵（浅野家）、中国蔵（毛利家）の4産地が「四蔵」と呼ばれていました。この四蔵で大坂市場の米流通量の過半数を占有し、特に筑前蔵の米は大坂市場ではトップシェアを誇っていました。大坂で入札を行った実績のある藩または旗本は125に及びました。[*9]

各藩が蔵入札を行うにあたっては、四蔵の入札時期と重複しないよう調整して、自藩の入札が円滑に行えるよう図っていました。石高では肥後蔵に劣る筑前蔵が大坂米市場で主導権を握れたのは、福岡藩が蔵元に指定した鴻池の調整能力、市場分析力によるところが多分に

江戸時代の米、食味ランキング

ランク	銘柄名
極上	明石天守米、龍野天守米、姫路天守米
上	播州米（赤穂、姫路、龍野、三木など）、 岸和田米、福山米、岩国米、淡路米 加賀米、越前米、米澤米、尾張米 美濃米など
上の中	尼崎米、久留米米、津軽米、越中米 桑名米、高松米、備中米、能登米など
中の上	阿波米、紀州米、筑前米、肥前米 新潟米、宇和島米など
中	丹後米、会津米、豊後米、新発田米 出石米、宮崎米、山形米
中の下	松江米、府内米、佐土原米、薩摩米
下	相良米、長門ツノ米、長門下クマケ米

米は雨水や海水に浸かると品質が落ちるため、運搬距離が短く品質劣化が少ない大坂近郊の米が上位にランクされた。表中「天守米」は、その産地の中でも選りすぐりの高品質米という意味。©日本取引所グループ（同社作成。出典：鈴木直二『徳川時代の米穀配給組織』〈国書刊行会〉）

あったと思われます。四蔵以外の有力な産地は「米子米」の鳥取蔵(池田家)、「加賀米」の加賀蔵(前田家)であり、ほかに「納屋米」と呼ばれる藩以外の米(蔵屋敷を持たない藩や旗本が米商人を通じて売り捌く領主米のこと)も出回っていましたが、納屋米の価格は四蔵の価格の影響を強く受けていました。

蔵役人の寄り合いによる供給調整、発行(プライマリー)市場と大商人(プライマリーディーラー)、それらと対になった流通(セカンダリー)市場、延売買というある種の先渡相対取引、これら一連の米をベースとした極めて高度な証券取引が、大坂で自然発生し運営されていたことは、大いに注目すべきでしょう。これらはいずれも、往時の為政者である豊臣政権や江戸幕府の誰かが考えたというわけではなかったからです。

5　米市場と各藩のファイナンス(財政・資金調達)

各藩は、年貢として徴収した米や商品作物の売却益といった収入の中から、江戸藩邸費用、参勤交代費用、普請手伝い費用、治水事業費用等を支出していたのですが、相次ぐ大規模干拓事業等の施工により、江戸期初期から多くの藩は財政が苦しい状況にありました。

各藩が不足する資金を調達する方法としては、掛屋と言われる蔵屋敷に出入りする商人から借りる方法がありました。掛屋は富裕な商人ですから、藩の財政の面倒を見るのも商いのうちだったでしょうし、藩に貸付けを行うのも、いわば資産運用手段でもあったようです。もちろん各藩は、掛屋のような大商人ばかりではなく、領内の商人からも借入れを行っていましたが、地方都市の商人にはさほど大きな資本力がなく、結局は大坂の掛屋にかなりの借金を頼ることになっていました。

各藩は、領主米の販売による収入を引き当てに、掛屋から借金をしていたため、借金がある限り、大坂での領主米販売はやめられませんでした。大坂から遠い国の領地を担保にしても保全するのが大変ですから、もっぱら領主米が担保として使われました。このため、多くの領主米が担保として大坂に運ばれていたのです。

大坂への強制的な領主米の流出は、作柄不良の際などは藩内の飢饉の原因となりかねず、藩の負担は軽くはありません。中田信彦『転換期幕藩制の研究』では、大坂商人から莫大な貸付けを受けた藩が、領地の健全な運営を無視してでも、貸付けの担保とすべく一定量の領主米を大坂へ運ばなければならない過酷な実態を伝えています。[*10]

また、掛屋は、藩への貸付けの担保として、藩から貸付金に見合う将来の領主米を当てにした米切手を発行させることもありました。

この担保用の米切手は、明らかにまだ蔵にない将来の米を前提にしているため、米切手には落札者名と落札日付が記載されておらず、米市では取引の対象にはなりませんでした。従って、掛屋側も転売できないことが前提でした。これらは、現代で言えば、金融機関にお金を借りて担保を差し出す借金の形態と同じです。

これとは別に、もう一つ各藩が不足する資金を調達する方法がありました。それは、いわゆる「空米切手」を利用した大坂米市（米市場）からの資金調達です。

米切手は建前としては、蔵から販売される米の量に見合った量で発行されています。しかし、実際には、蔵にある米の量より多くの米切手が発行されていたようです。このような蔵にある米を超える米切手を「空米切手」と言いますが、形式的には、どの米切手も同じものなので、どれが空米切手で、どれがそうでない米切手かという区別があるわけではありませんでした。そのような空米切手の発行は信用不安を招きかねないので、発行されても買う人がいなくなることで自然と発行が抑制されてもよさそうなものですが、実際は、蔵屋敷にある領主米よりはるかに多くの米切手が流通していましたし、当時の大坂の米商人たちも、米切手のすべてが蔵屋敷の中にある領主米と見合っていると信じて取引していたとは、とうてい考えられませんでした。つまり米商人たちも、米切手を転売し得る事実上の債券のように取り扱っていたのです。米切手の発行元の藩がなくなるとか、突発的な取り付け騒ぎが発生しない限り、問題はなかったわけです。各藩にしてみれば、掛屋には利息と担保を支払う必要がありますが、空米切手の発行は利息のない債券の発行のようなものです。各藩にとって米切手は、ある種の〝打ち出の小槌〟のようなもので、財政上の都合でついつい過剰に発行しがちなものでした。

このような各藩の財政を支える金融機能的な米市場の利用については、その有効性を作道洋太郎がその著書『日本貨幣金融史の研究』において、以下のように記述しています。「このような巨額の空米切手が先納切手（蔵に米が未着の状態で発行された米切手）ないし引当切手の名前で、藩財政の窮乏と関連して出され、借用証文を添えて、債権者に切手を交付し、諸侯の借入金に対する担保の役割を果たした。従って蔵米切手は藩債の一種だとも考えられる」

こうした背景のなか、米将軍と後世呼ばれる江戸幕府8代将軍徳川吉宗が登場するのです。

6　世界最初の証券先物市場・堂島米市場

享保元（１７１６）年、徳川吉宗が将軍の座に就きました。元禄を経て享保に入るこの頃、各藩の財政は軒並み悪化しており、大坂米市場を通じた資金調達は藩運営上ますます重要になっていました。大坂米市場に運び込まれる領主米が増加し、大坂米市場が全国の米価格に及ぼす影響力はさらに強まっていきました。

吉宗が将軍に就任した当初は、米価は1石当たり銀２００匁（もんめ）という江戸期を通じて最大級の高騰期でした。[11] 原因の一つは元禄期の貨幣改鋳の結果、大量の貨幣が市中に出回ったことでした。吉宗は貨幣量を減少させる方向に政策をとり、米価は急落します。享保4（１７１９）年頃には一気に1石当たり銀40匁を下回る価格となっています。かくして、吉宗は米価という観点では、当初は急落する米価に、その後はなかなか上昇しない米価への対応に追われることになります。

吉宗やその側近大岡忠相（ただすけ）が行った政策は、簡単に言えば、当初は米の供給サイドの調整と市場介入でした。代表的なものが、米価が急落した後の享保15（1730）年に行われた「買米令」であり、「廻米制限令」でしょう。買米令は米商人に米を市場で強制的に買わせる市場介入であり、廻米制限令は大坂などの主要市場への米の流入を減らす供給調整でした。吉宗は江戸の商人を大坂米市場に送り込んで市場の支配まで目論（もくろ）みますが、うまくいきませんでした。

そこで、吉宗は享保15（1730）年、幕府公認の米切手転売市場である「堂島米会所」を設立します。1531年にアントワープに、1568年にロンドンに、公設の商品取引所が設立されていますが、この堂島米会所は日本で最初[*12]の公設の取引所であるばかりではなく、世界で最初の公設の先物取引所ということになります。

この日本で最初であり、かつ、世界でも最初となった証券先物市場の誕生は、どういった意図に基づいていたのでしょうか。

吉宗の一連の政策の流れから考えると、政府による米の市場統制を目的にしていたと言えるかもしれません。しかし、一方で、うまくいかない市場価格への直接介入方式から、先に述べたように、すでにあった精密な市場機能を整備することで、市場をより機能的に運営させたほうがよいと政策を切り替えたとも考えられます[*13]。

こうした吉宗の思惑はうまく米価の上昇につながったでしょうか。堂島米会所開設直後に、享保の大飢饉、貨幣の天文改鋳等があり、米価は一気に1石当たり銀80匁を超えたり、40匁を割り込んだり乱高下したようですが、1730年代は安定的に上昇を続け、1760年代は概ね銀60匁付近で安定していきました。諸物価の高騰に比べて米価の上昇が低いことはよく指摘され、各藩や幕府の財政的な問題となり続けましたが、逆に、米価が比較的安定的であったことについて、堂島米会所が果たした機能を評価することも可能であると思います。

それでは、その堂島米会所がどういうところだったのかについて、ご紹介します。[*14]

1 場所等

堂島は堂島川と今は埋め立てられてなくなってしまった蜆(しじみ)川の中州を指す地域でした。大坂米市が淀屋の店先であった淀屋橋南詰めから、大江橋北詰めに移ってから大いに栄えました。堂島米会所も、この大江橋北詰めから現在のANAクラウンプラザホテル大阪の周辺にあったとされています。堂島米会所は大きく3つの部分で構成されていました。会所としての部分、市場としての部分、そして、消合場(けしあいば)と呼ばれる清算所の部分です。

2 取引の方法と対象

堂島米会所では、一年を春（1月8日から4月27日）、夏（5月7日から10月8日）、秋

（10月17日から12月2日）の3期に分けて、この期間内で取引を行い、各日の取引時間を午前8時から午後2時とし、午後2時を過ぎたらシュロ縄に火をつけ、それが燃え切った時点で取引終了としました。

米そのものが市場に持ち込まれて売買されるわけではなく、売買されているのは米切手でした。堂島米会所設立前の大坂米市場では、正米商（スポット契約）と、延売買（先渡契約）がありましたが、堂島米会所でも、正米商（スポット契約）と帳合米商（先物契約）[*15]がありました。正米商は、取引日から4日目に決済（取引日の正米商の価格で現金を支払い、米切手を受け取る）するもので、江戸期を通じて77藩の米切手が売買された記録があり、その中でも30ほどの藩の米切手が主に売買の対象とされていました[*16]。

帳合米取引は、先述した各期の最終日の正米商の価格でまとめて決済（帳面上で売り買いを差し引きして清算。実際に米切手を受け取ったりしない）する取引[*17]で、期間内であれば帳面上の商いを転売することも自由でした。決済するまでは決済代金の3分の1程度の保証金を米会所に差し入れればよく、正米商よりは、少ない資金で大きな商いをすることが可能でした（現在は、これをレバレッジと言います）。こういった取引は、主に米の仲買人や米問屋の間で行われるわけですが、例えば、米切手を買う帳合米取引をした取引日から正米商の価格が下落すれば保証金をさらに追加で払わなければなりません。これを追証（おいしょう）と言いますが、

左ページ 文久3（1863）年の大坂。左上の蜆川と堂島川に挟まれた部分が堂島で、最南部に堂島米会所があった。現在の中之島には数多くの蔵屋敷が見える。©日本取引所グループ（出典:「だいしょう」大阪証券取引所開設100年記念号〈1978年〉）

右ページ上 堂島米会所の記念碑。ANAクラウンプラザホテル大阪の南側にある。現在の堂島は陸続きだが、江戸時代初頭まで蜆川（現在は埋め立てられて存在しない）と堂島川の間に挟まれた中州だった。©日本取引所グループ

右ページ下 堂島川。大坂の米流通の基幹となった河川。船で大坂湾に到着した領主米は、安治川河口から堂島川をさかのぼり、蔵屋敷に隣接する荷揚げ場で米を降ろし、大八車などを用いて蔵屋敷内へ搬入された。©日本取引所グループ

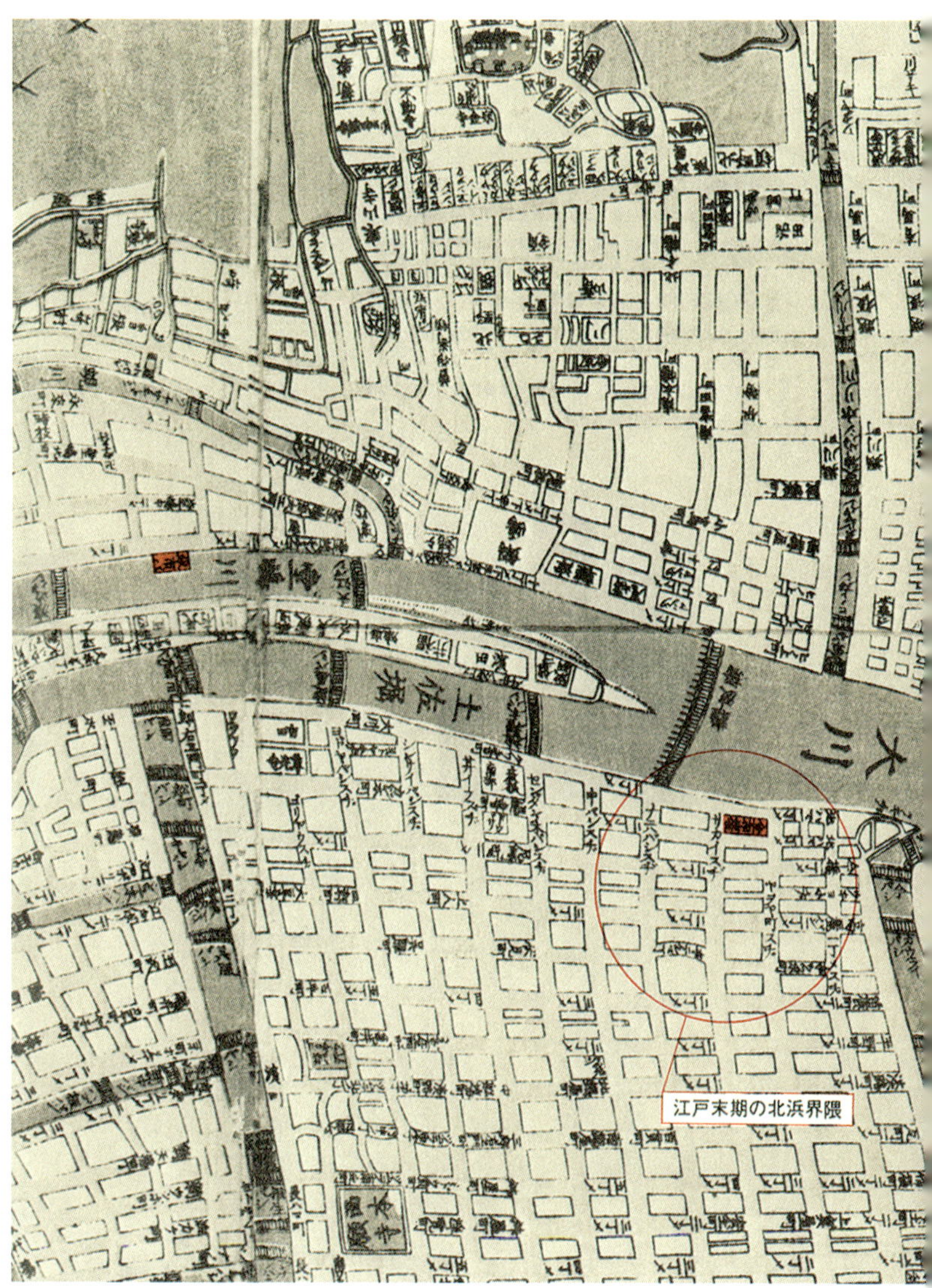

江戸末期の北浜界隈

買い方が追証を払えず破綻すれば、その取引は売り方が米会所に対して責任を負うことになっていました。

対象となるのは立物米（たてものまい）と呼ばれるもので、正米商で取引されるすべての米切手について帳合米取引が行われたのではなくて、標準的な米切手（米切手の発行原資となる米）を一つ毎期選んで、それを建物米として帳合米取引の対象としたのでした。その建物米の取引最終日の正米商価格が、決済価格となるわけです。建物米の選定にあたっては、取引量が大きく、米の品質が安定的で、米俵一つ一つの容量が均一で、かつ、蔵にある領主米と米切手の発行量の差が少ないものが選ばれていました。選定は、堂島米会所の役員をはじめとする市場関係者が投票で行っていました。よく立物米に選ばれたのは、夏取引では加賀米で、冬取引では筑前米、肥後米でした。

市場での実際の売買は、「つかみ合い」と呼ばれる方法で行われました。売り手が高くあげた手を買い手がつかむことで、売買が成立しました。売買で一番大事な値段は、火縄値段と呼ばれるもので、シュロ縄の火が消えた時の値段、つまり、その日の取引の最後の値段です。現代でも株価と言えば、ある日の取引の終値を使うことが多いですが、堂島米会所でも同じで、火縄値段を町奉行に届け出ていました。取引が白熱すると火縄が消えても無視する商人がいて、水方と呼ばれる人が、水を撒いて取引を終わらせたのでした。

3 運営方法

堂島米会所には「米方年行司（こめかたねんぎょうじ）」という、現在の会社の取締役に相当する役員が市場関係者によって5名選出され、会所を代表して町奉行への届出や訴えを伝達していました。当初の5名は、津軽屋彦兵衛、加島屋久右衛門、俵屋喜兵衛、升屋平右衛門、久宝寺屋太兵衛でした。

運営資金は売買を行う米商人たちが払う取引手数料（米切手1枚で売買代金の0・25%、米切手10枚単位だと売買代金の0・16%だった）[*18]と、建物米に選ばれた藩からの寄付金と、米方年行司の私財によって賄われていました。

堂島米会所の取引に参加するには、「米仲買株」という資格が必要でした。誰でも参加できたわけではありません。堂島米会所設立当初は1300軒の米仲買株がありましたが、次第に減少して19世紀初頭から中頃にかけては、970軒程度になっていたとされています。

4 堂島米会所が果たした役割

堂島米会所が果たした役割の一つは、米の価格を決定するという、商品取引の部分でした。そして、堂島米会所で決まった米切手の価格が、全国の米の取引価格として用いられました。

歌川広重「浪花名所図会 堂島米市の図」。蜆川（現在は埋め立てられている）と堂島川に挟まれた一帯を堂島といい、堂島にもうけられた米会所の取引の様子を描いた図。取引終了となったのに、熱中のあまり取引をやめない米仲買人がいるため、米会所の役人がひしゃくで水をかけ、取引を終わらせようとしている。© 大阪府立図書館

もう一つの役割は、蔵屋敷の中にある米よりもずっと多くの米切手の取引を行うことで、事実上、各藩の財政を手当てするという金融機能を果たしていたことです。もちろん、各藩の蔵の中にある領主米と米切手の兌換（だかん）が完全に保証されていれば、それはとても安全な金融機能だったと言えますが、兌換を保証するということと、実際に蔵にある量しか米切手を発行できないということは異なります。各藩が、蔵には存在しない米を米切手として発行し、それが市場参加者周知のなかで流通していたことは、即ち、各藩の財政資金（の流動性）が市場で調達されていたことの表れと言えるでしょう。

このように堂島米会所は日本の重要な金融機能を担っていたのですが、天保期（１８３０～１８４４年）前後から、堂島米会所の機能がうまく回らなくなった原因は、相次ぐ飢饉の発生と、米切手の発行元である各藩財政の悪化によって、市場でお金を融通し得る限界を超えてしまったことにあります。

7　久留米藩の領主米引渡し拒否事件（前）

繰り返しますが、米切手は発行元の藩の蔵の中にある米の量と完全に合致した量しか発行されなかったわけではありませんし、蔵の中にある米の量より多い分量の米切手が流通していたことは周知のことでした。例えば建物米に選ばれる米の米切手ですら、交換不履行のリスクが最も小さいものを選んでいたにもかかわらず、リスクがまったくなかったわけではないのです。これは、とりもなおさず米切手の発行量と蔵の中にある米の量が一致していないことが、当時の人々の常識とされていたことの表れでしょう。

そういうことですから、米切手を発行元に持って行っても米と交換できないというリスクは、常に存在していました。実際に、江戸幕府は米価政策として、空米切手禁止令（米での交換が確約できない米切手の発行禁止）を何度か出して、米切手が交換できない事態をできるだけ減らそうとしていました。

そういう状況下でも、何度か、やはり米切手を米と交換できない事態に陥ります。その一例として、久留米藩の事例[19]をご紹介します。

元和6（1620）年、筑後一国32万5000石を有していた田中家に跡とりがおらず改易となると、その一部を受け継いで、有馬豊氏が21万石で久留米に入城、久留米藩が成立しました。有馬氏は入城当初から苛烈な検地を実施、表高21万石に対して28万石余りの内高を打ち出させます。

これは実際に検地を行った結果によるものではなく、検地で判明した内高に50％上乗せして、そこから4万石を減らすという机上の計算によるものでした。そのため、久留米藩では、実際の米の生産力がどれだけなのかを正確に把握できておらず、出費濫用が続いたうえ、島原の乱への出陣費用、飢饉や洪水などの復旧費用などのさらなる出費が嵩んだ結果、第4代藩主・有馬頼元の治世には、藩はすでに赤字経営を余儀なくされていました。

頼元治世下の元禄7（1694）年の久留米藩の年間予算書によれば、収入が銀換算で173万1810匁なのに対して支出が322万8000匁、都合149万6190匁の赤字を出していました。これを当時の米価で米に換算すると12万4682俵となります。当時の久留米藩の年貢米が全部で20万俵であったことを踏まえると、少なくとも現状能力の1・5倍以上の米の収量がなければ藩財政を賄うことはできません。

こうした状況下で、久留米藩は、家臣からの借上米の実施、伏見藩邸の簡素化など、支出削減に努め、厳しい年貢の取り立てや特産物の菜種油の販売などの増収策に励みましたが、掛屋からの借財の返済も嵩み、いよいよ進退窮まりました。そうしたなか、久留米藩がとった選択は、空米切手の乱発でした。[*20]

寛政3(1791)年、久留米藩蔵屋敷に54名の米商人が押しかけ、米切手と米の交換を速やかに行うことと、過剰に発行された米切手(空米切手)の回収を要請します。これに対し、久留米藩蔵屋敷には交換に応じるだけの米はなく、やむなく蔵役人は米との交換を断りました。この対応に米商人は、何と久留米藩蔵屋敷の蔵元、名代、掛屋を相手取り、8万5830俵あまりの蔵米出し不履行を大坂町奉行所に訴え出たのでした。訴えを受けた大坂町奉行所は調査を開始します。当時の大坂町奉行・小田切土佐守直年(おだぎりとさのかみなおとし)は、現代では「鬼の平蔵」と知られる長谷川宣以(のぶため)と同時代の人で、後年、江戸の名奉行の一人と言われた人です。小田切は、久留米藩蔵屋敷の米切手乱発の噂を耳にしており、米商人に、町奉行による徹底した調査をと解決策の提示を約束します。

大坂町奉行所は、大坂三郷(北組、南組、天満組)と摂津・河内両国を管轄とし、管轄内で起こる係争を処理していました。本来は、町奉行に藩を調べる権限はないのですが、訴えの主が町人であれば、取り上げないわけにもいきません。

後日、筑後久留米藩蔵屋敷の蔵元、名代、掛屋は大坂町奉行所に呼ばれ、与力から尋問を受けることとなりました。

老中からの信頼も厚い小田切が率いる大坂町奉行所が相手では、久留米藩に勝ち目はありません。急報を知らせる飛脚を国元へ遣わす一方、久留米藩蔵屋敷は調査結果を開示し、米商人との示談を申し出ます。調査で判明した事実によれば、久留米藩蔵屋敷が保有していた蔵米はわずか2370俵しかなく、米切手8万5830俵分のほぼすべてが「空米切手」でした。疑惑が現実のものとなった以上、米商人たちは「米で返せなければ金で返せ」と久留米藩に迫りました。

米商人の要求どおりにすれば、さらに久留米藩の財政は困窮しますが、今後、米商人に筑後米を買ってもらえなくなれば、久留米藩の存続そのものが危うくなります。やむなく、久留米藩はありったけの米を出して返済したのです。それでも不足する5万9220俵については、大部分を両替商からの借入れで返済しています。結局、久留米藩の借金は、減るどころか一層膨らむことになったのでした。

ここでちょっと不思議に感じるのは、どうして寛政3(1791)年に久留米藩の米切手の取り付け騒ぎが起こってしまったのかということです。しかも最初は54名の小規模な申し入れにすぎず、蔵には2370俵の米があったわけです。この54名の交換に応じることは簡単だったはずです。

久留米藩で起こったことは、現代の銀行取り付け騒ぎ（Bank Run）を連想させます。現代の金融理論では、銀行取り付けの発生メカニズムが研究されています。[*21] 銀行は短期の借入れ（預金）で長期の貸付け（投資）を行っていますが、本源的にこの双方の満期に不一致があります。これが根本的な取り付け騒ぎ発生の原因ですが、これは、蔵にある米が米切手の量と見合っていないことに似ています。現代の銀行でも、取り付け騒ぎが起こるか起こらないかは、預金者が満期にはお金が必ず手元に戻ってくるという変換機能を信じているかどうかにかかっていて、誰かが先にかなり多くの預金を引き出したら、ほかの預金者にとっては、取り付けを行うことが自己の預金を守るための合理的行動となります。現代では、こういった取り付け行動を防ぐために、預金保険制度が導入されていて、うまく機能しています。

このような制度がない江戸時代に、久留米藩の事件の発生を防ぐことは難しかったのですが、もし久留米藩が最初の取り付け騒ぎの時に、米俵や小判を蔵屋敷の前に積み上げて見せていれば（実際にそれらが使えるかどうかは別にして）、ひょっとしたら取り付け騒ぎは起こらなかったかもしれません。もちろん、そんな子供騙しが通用するような大坂商人ではなかったのかもしれませんが……。

8　久留米藩の領主米引渡し拒否事件（後）

空米切手により大きな痛手を受けた久留米藩でしたが、取り付け騒ぎの後、10年余りの時間を経て、再び大坂米市場で大量の空米切手を発行してしまいます。

事の発端は、財政が破綻した久留米藩が、窮余の策として、藩の御用商人の手津屋に相場を張らせて、その収益から過剰に発行した米切手を密かに買い戻そうと考えたことにあります。藩が手津屋の相場に最後の望みを託すほどですから、さぞ商才のある商人だったのでしょう。ひょっとしたら、この窮余の一策も、手津屋の発案だったのかもしれません。

さて、これほどの財政難をカバーする大相場ですから、大きな元手が必要になります。ここで、手津屋と久留米藩が考え出した元手獲得の手段が、大量の架空の米切手の発行でした。架空の米切手は空米切手には違いがないのですが、先にも述べたとおり、通常、蔵屋敷が販売する領主米の量は大坂・渡辺橋の袂に高札で掲示されます。これを看札（かんさつ）と言うのですが、基本的にはこの看札に掲げる販売量を過大に書くことはあっても、看札に書かれている量以外に米切手が発行されることはないはずでした。久留米藩が行ったのは、看札に書かれた量をはるかに超える米切手を密かにつくり、手津屋に持たせることでした。即ち、これは架空の米切手になるわけです。この事件が起きたのは、前回の空米切手事件から11年後の享和2（1802）年頃のことだと思われます。そもそも、過剰な米切手を回収するために始めた策なのに、さらなる大量の米切手を発行するところが傍目には滑稽なのですが、久留米藩の米切手はすでに、四蔵米と抱き合わせでなければ、米切手の入れ替えにさえ応じてもらえなかったのです。手津屋はこの米切手の半分を売り払い、信用度が高い四蔵の米切手を買います。さらに、この四蔵の米切手と残りの半分の筑後久留米藩の米切手を抱き合わせて両替商に持ち込み、これを担保に融資を引き出したのです。現代のリーマンショックの時に話題になったサブプライムローンの仕組みを彷彿させるような話です。

こうして元手を手に入れた手津屋は相場に取り組むわけですが、手津屋の思惑は次のようなものでした。まず、大量の四蔵の米切手を買付けましたから、米相場全体に先高感が生まれるはずで、さらに融資を受けた金で久留米藩の米切手を買い集めれば、相場が加熱しさらにその米切手の価格は上がるはずだと。しかし実際には、手津屋の思惑は外れ、豊作続きで米価の先高感は発生せず、久留米藩の期待とは裏腹に手津屋は損失を計上し続ける状態に陥ったのです。

文化7（1810）年になり、さしもの手津屋も「万事休すか」と観念したところ、大坂町奉行所の知人から、江戸幕府が米価引き上げのため米を買付ける「買米令」の発令を聞かされます。今ならインサイダー情報なのかもしれません。この情報を得た手津屋は、すでに大量の買持ちの米切手を持っていたので、大いに儲かり、余剰利益で他藩の米を買付けて久留米藩へ送ることができたほどでした。しかし喜びもつかの間、買米令は終了して、米相場は大崩れします。処分しきれなかった手津屋の買持ちの米切手は20万石と空前の規模になっており、もはや手仕舞いは不可能でした。

手津屋に融資した両替商や、久留米藩の米切手を所有する米仲買人が一斉に久留米藩・蔵屋敷へ米切手を持ち込んでも、交換に応じられるほどの量はありません。たちどころに交換不能となり、筑後米は出荷停止になることは目に見えていました。そこで久留米藩の上層部は手津屋に責任を転嫁し、手津屋の倒産で幕引きを図ろうと考え、手津屋を出奔させます。

ところが、世間では前回の騒動が記憶に新しい久留米藩はその動向が注目されていて、大坂米商人たちはすぐに手津屋の異常を察知したのでした。表高21万石の久留米藩が、総じて42万石にも相当する米切手を発行している以上、最終的に交換不能な空米切手であることは明白であり、久留米藩が対応すべきであると、素早く大坂町奉行所に訴えたのです。

結局、久留米藩はこの空米切手を20年かけて返済することを約束し、空米切手をつかまされた米仲買人との示談が成立しました。

久留米藩以外にも、肥前藩、萩藩、広島藩の米切手の取り付け騒ぎが起きています。これらのことは、もちろん放漫な財政運営を続ける各藩の内部事情を物語っていますが、それと同時に、堂島米会所が多くの藩の財政を手当てする金融機能を発揮していたこと、個々の藩の破綻にも最終的に対処できるほどの強靭な市場機能を有していたことも物語っています。

9 米飛脚・旗振り通信と遠隔地取引

米会所は幕末時点で国内に9ヵ所設けられていました。内訳は、幕府公許が大坂堂島、京都、大津の3ヵ所、その地の藩が設置を認めた米会所が6ヵ所ありました。幕府公許のうち、大坂堂島は西国大名の年貢米の売り捌き、京都、大津では彦根藩井伊家（沢米）や小浜藩酒井家（熊川米）の売り捌きが行われていました。

基本的に大坂、京都、大津ではそれぞれの米会所で独自の価格形成が行われていましたが、京都の米商人は、大坂と大津の市場を両にらみして、割安な米を購入していたため、この近接3市場の価格は連動していたという研究もなされています。

価格連動が行われるには、市場間での価格情報伝達が必要です。近いと言っても大坂と大津は東海道で63キロはあることから、簡単に情報を伝えられる距離ではありません。そこで用いられたのが米飛脚と旗振り通信でした。

まず、米飛脚。これは堂島米会所の米価格やニュースを飛脚が運搬するというもので、大坂から大津まで1日を要しました。記録では、米飛脚は熊本や長崎にまで足を延ばしており、地域によって2~7日で米価格情報を運搬したと考えられています。

次に旗振り通信とは、旗信号を使って価格を伝える技術で、無線がない時代の海上伝達手段として使われていた「手旗信号」に類似しています。

具体的には、堂島米会所の米価格は、米会所から松屋新田まで飛脚で運ばれ、松屋新田から旗振り通信を開始、石堂ヶ岡、小塩山を伝って京都や大津へ伝達され、さらに、小関山、安養寺山、野洲(やす)の相場振山(そうばふりやま)を越えて、彦根や長浜へと至りました。

熟練者が好天時に旗振りを行った場合、堂島米会所から和歌山まで3分、京都まで4分、三重県桑名まで10分で到達したと言われています。さらに、伊勢湾を通過して愛知県岡崎、豊橋、静岡県浜松へ至り、箱根を越えて江戸にまで到達していたと考えられています。

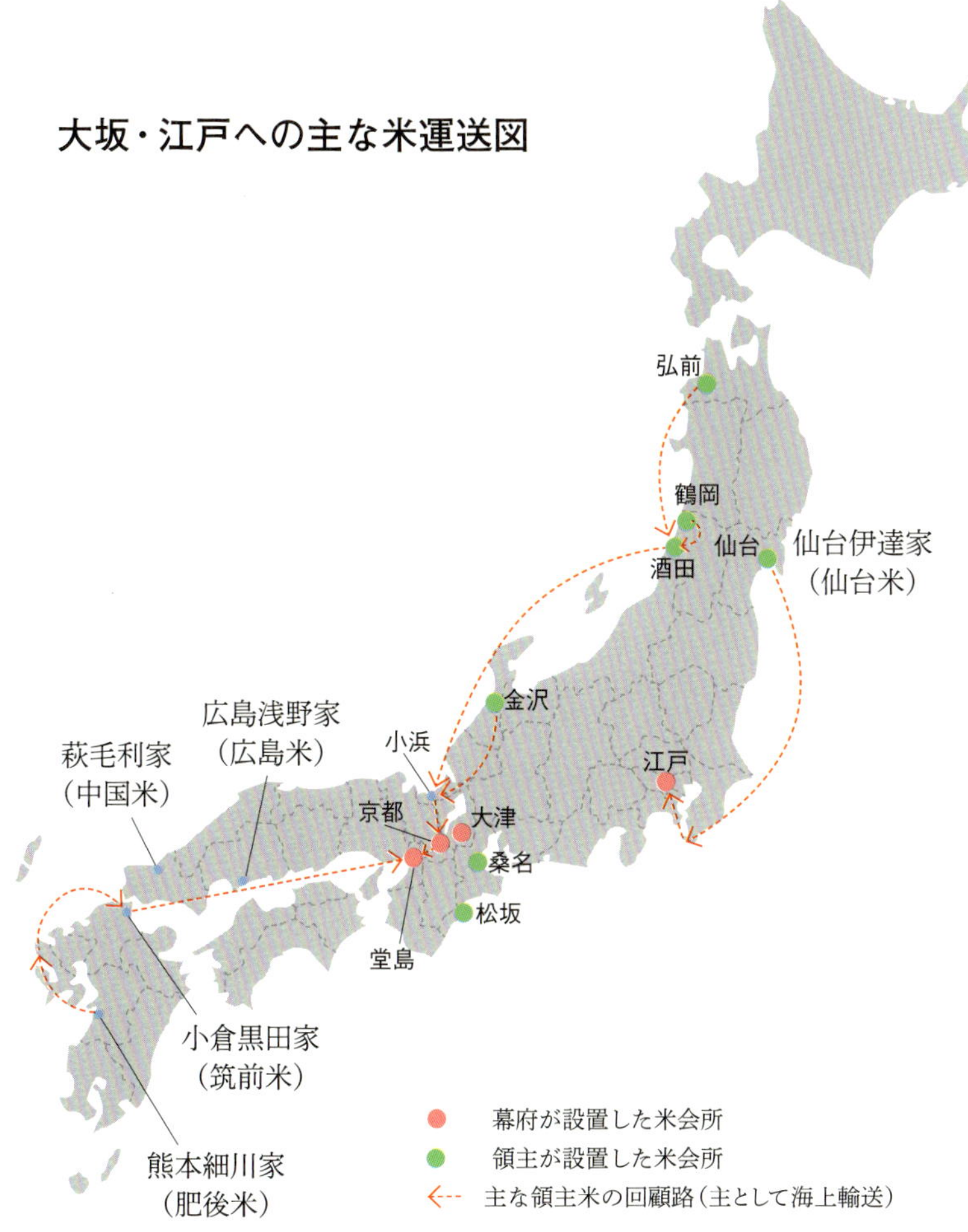

九州・中国地方の藩の米は瀬戸内海航路にて大坂へ運ばれた。日本海側の藩の米は、初め小浜で陸揚げされて琵琶湖経由で大坂を目指したが、河村瑞賢により西廻り海運が整備されると、下関を通過して瀬戸内海に入る航路が使われるようになった。©日本取引所グループ（同社作成）

米相場の情報が重要であるとはいえ、このような情報伝達手段が整備されていたことは驚愕を禁じ得ません。しかし、それ以上に注目すべきは、米飛脚・旗振り通信のおかげで、京都の米商人が、大津と大坂の価格を比較して取引したり、遠隔地の米商人が堂島や大津の米会所の売買に参加できた点でしょう。

研究で明らかになった事例では、現在の滋賀県蒲生(がもう)郡竜王町に居住していた玉尾家が堂島と大津の両米会所の売買に参加していたことがわかっています。玉尾家は、仁正寺(にしょうじ)藩市橋家（1・8万石）の年貢米の売り捌きを任されていたのですが、堂島米会所や大津米会所の売買参加権はなかったため、木屋久兵衛(きやきゅうべえ)などの米商人を通じて米会所にアクセスしていたのです。

記録によれば、玉尾家は、堂島米会所の主要取引米「四蔵」の一つである中国米（萩藩）の産地である下関が大風で被害を受け、収穫量が減少する可能性があるとの情報を米飛脚から入手すると、下関大風情報が市場に伝わる前に大津米会所で中国米を買付け、見事、高値で売却することに成功しています。

現在、個人投資家は当たり前のように自宅のコンピュータやスマートフォンでその時点の株式相場を確認して発注していますが、市場の情報が電子的に外部に伝達されるのは昭和49（1974）年に東京証券取引所が相場報道システムを開発した以降のことで、そんなに昔のことではありません。また、今では、世界中のヘッジファンドの中には価格情報やニュースに対し、人間の瞬きよりも速いスピードで反応するシステムを使って売買を行っているファンドもあります。

テクノロジーの差こそあれ、290年ほど前の米会所時代においても、少しでも早い相場情報を得んがために米飛脚や旗振り通信が編み出され、遠隔地での取引を可能にしていたことは、今を生きる私たちにとっても新鮮な驚きを感じます。

また、堂島米会所の米相場の価格が広く伝播されることで、堂島米会所の重要性は、多くの人に認められていたことでしょう。

大坂以上の大都市・江戸が存在したなか、堂島米会所が江戸時代を通じて米相場の中心的存在であり続けたのは、そこでの取引量の多さだけでなく、価格情報の迅速な伝播機構を備えていたことにあるでしょう。

10　日本における投資家と投機家の原型
――本間光丘と本間宗久――

18世紀初期、つまり江戸幕府8代将軍徳川吉宗の治世の時ですが、今の山形県酒田市を中心とした庄内地方（現在の山形県の北東部）に、日本の歴史上類を見ない二人の偉大な経済人が誕生しました。

一人は、日本一の大地主と呼ばれた本間家の中興の祖と言われる3代当主・本間光丘（みつおか）です。酒井家が治めていた庄内藩に融資や財政指南をして藩を支えたのみならず、後に隣藩・米沢藩の上杉鷹山（ようざん）の財政整理にも尽力しています。本間家の経済力は殿様を凌ぎ、「本間様には及びもせぬが、せめてなりたや殿様に」と人々に歌われるほどの財力でした。

もう一人は、酒田、江戸、堂島の米相場で「出羽の天狗」と言われた不世出の大相場師、本間宗久（そうきゅう）です。「酒田照る照る、堂島曇る、江戸の蔵米雨が降る」と歌われるほど、相場師として全国的に名を馳せた人物でした。

宗久は酒田本間家の初代当主・本間原光（はらみつ）の5番目の息子であり、2代当主・本間光寿の末の弟です。光丘は光寿の三男なので、二人は叔父と甥の関係にあたります。宗久は享保3（1718）年の生まれ、光丘は享保17（1732）年の生まれです。

二人が生まれた庄内地方の酒田は、最上川の河口に位置し、その流域は多くの穀倉地帯に囲まれ、酒田湊（さかたみなと）は最上川流域の米を関西方面に送るための積み出し港でした。西廻り航路の開発以前は敦賀・大津から、西廻り航路開発以降は北前船での、関西圏との交易で大いに栄え、堺に匹敵する商都と言われていました。下関、大坂や、伊勢、江戸など当時の主要都市との交易が盛んで、多くの豪商が存在し、36人衆という有力な豪商集団が治める、商人気質の強い町でした。本間家はこの酒田で廻船問屋として頭角を現し、原光の時にはすでに36人衆に選ばれるほどの、有力商人でした。

原光が新潟屋の屋号を掲げて酒田で商いを始めたのが元禄2（1689）年です。なぜ、新潟屋なのかはよくわかっていません。本間家が越後から来たことに由来するのかもしれませんが、新潟は当時、屋号を掲げるほど大きな町ではありませんでした。

ただ酒田に居を移して18年で36人衆の一人になるほどに、原光の商才は際立っていました。この原光が本間家の原型をつくるわけですが、「私たちがこうして平和な世の中に生まれ、暮らしにゆとりができても、自分一人でそれに甘えてはいけない。少しでも資力に余裕があるならば、世のため人のために尽くすこと」と常日頃から家族に話していたそうです。本間家では、これを代々受け継ぎ、「公のために働く、公共心を大切にする」ことを、家訓としてきました。

この原光が隠居した後、亡くなったのが、宗久22歳、光丘8歳の年になります。

宗久は、幼少期から父・原光が兄弟の中でも特別に目をかけるほどの商売の才覚があったようです。原光が隠居し2代当主・光寿が跡を継いだ後も、光寿があまり丈夫な体質ではなかったこともあり、不測の事態の後継者候補として家に留め置かれ、稼業を手伝っていました。宗久はほかの兄弟が次から次へと分家していくのにもかかわらず、将来がはっきりしない日々を33歳まで送ることになります。さらに原光の実直な商売を手伝いながらも、宗久は、父の信条とは異なる投機の世界の魅力に抗えず、最終的にはそこに彼の生涯を懸けることになります。

ただ、光寿の後継者・光丘が、姫路の豪商・奈良屋に修業に行って戻ってくるまでの4年間だけは、宗久が本間家の運営を任されることになりました。ようやく宗久の思うような商売が展開できた半面、それはショートリリーフと定められた出番でもありました。そこで、宗久は思い切った行動に出ます。酒田にあった米会所で、米相場の投機に乗り出したのです。元手は、兄から財産分与された本間家の2割の財産（金250両と約88俵の田地）でした。宗久の私財分からの投機とはいえ、本間家にとっては驚くべき事態でした。

宗久のこの時の想いについていろいろ想像することはできます。一発逆転、エースの座を狙ってやろうと思ったのか、あるいは単純に、兄を凌ぐ富を稼ぎ出して、兄を見返してやろうと思ったのかもしれません。あるいは、単純に、投機が好きだったのかもしれません。いずれにせよ、宗久は酒田の米会所で連戦連勝となり、巨万の富をつかんだのでした。

当時、酒田での米の取引はかなり早くから発達していたようです。先にも書いたように最上川河口に酒田は位置し、最上川流域の米のほとんどが酒田で売買されました。そして、米の移動が困難なことから、米札と呼ばれる酒田での米の保管証書が、寛文期（17世紀初頭）より前から流通し、米の取引に使われていたという記録があります。これらの米札と米切手が同じものなのか違うものなのかは定かではありませんが、酒田がこういった米の券（米券）が使われた最初の場所ではないかという説もあります。

酒田の米座（公許される前の私設の取引所）は、ずいぶん古くからあったわけですが、これを米会所と改名し、文久元（１８６１）年2月に本町7ノ丁に移っています。元禄15（１７０２）年に藩の許可を得て、寺町に公立米座ができていました。享保15（１７３０）年には、堂島米会所で帳合米取引が許可されていますから、同じ頃、酒田でも帳合米取引が幕府に許可（公許）されていました。ですから、宗久が参加した酒田の米座では、盛んに帳合米取引が行われていたのです。

左上 酒田湊を見渡せる日和山公園に近い日枝神社。地域に貢献してきた本間家ゆかりの絵図や写真などが奉納されている。

右上 日枝神社の本堂に奉納されている本間家3代当主・本間光丘の肖像画。

左下 海晏寺の本堂。境内には、本間光丘が寄進した経蔵と釈迦堂がある。

右下 海晏寺の江戸時代から続く座禅所。本間宗久もここでの座禅を通して投資の奥義を悟った。(撮影・中島伸浩)

宗久は、父の手堅い周囲や地域への配慮の行き届いたきめ細やかな商いを叩き込まれる一方、酒田湊の米相場の活気を肌で感じており、目まぐるしく変わる情報を通して都の闊達な空気を誰よりも敏感に感じていたことでしょう。また相場の怖さを教えられつつも、数字に明るく分析力に優れていた宗久は、実際に米相場を自分の流儀で試してみたいと思う好奇心旺盛な若者だったのでしょう。

逆に、こういった投機的世界が日常的な酒田では、原光のような〝己を律する公への意識〟がなければ、家をまとめ、代々存続させることは難しかったのかもしれません。

さて、宗久は酒田の相場でいったいなぜ、連戦連勝を続けることができたのでしょうか。それは何といっても宗久が、酒田の米相場の価格が、大坂の米相場の価格に連動することを知っていたことが大きいでしょう。つまり、大坂の価格を酒田の誰よりも早く知ることができたので、酒田で儲けるのは容易になります。当時、大坂の米相場の情報が酒田に伝わるには、2、3週間を要したとされています。これは通常西廻り航路でもたらされるもので、しかし酒田の米座仲間では、健脚の飛脚を雇い入れて大坂の堂島と酒田の間を7日で駆けさせたそうです。すると、通常のルートでしか情報を知ることができない多くの人々より、一部の人だけが大坂の最新情報を早く知ることができました。これが、宗久の連戦連勝の要因でしょう。早飛脚を雇うにはお金がかかりましたが、それ以上に儲けが大きかったのです。それでも数人が同じことをすれば利益はその分減ってしまいます。もしかしたら宗久は、何らかの方法で、早飛脚を雇う人々よりもさらに早く情報を知り得たのかもしれません。

これとは別に、もう一つ、宗久が相場に強かった理由があります。それは、宗久が毎年、地元の米の作付け状況や全国の米の需給の状態がどうなっているのかなどの基礎的な情報を集め、細やかに分析していたことです。

今の株式相場で言えば、投資する企業の状況や、その企業の製品市況等を徹底的に分析するのと似ています。こういった経済の基礎的な情報を「ファンダメンタル情報」と言うのですが、宗久はこのファンダメンタル情報をとても重視し、これらの情報から相場を予測する能力に長(た)けていました。

つまり、宗久の連戦連勝の裏側には、直感と運に頼った博打のような性質のものではなく、原光譲りの周囲への配慮から集まる「情報」を活かし、慎重に吟味することにポイントがあったのです。宗久はこれらの情報を、相場の価格の上下という分析に活用して、そこから利得を引き出そうとしたわけです。やはりこれは典型的な投機家のスタイルです。

従来の商売に加え、米相場で何倍もの利益を得ていく宗久の投資スタイルには、本間家でも賛否両論があったことでしょう。たとえ成果は際立っていても、投機は投機。投機によってわずか4年で10倍もの資産を増やした状況には、隠居した2代目の光寿をはじめとする一族の人々の間では、どこか危ういものを感じていました。

一方、初代・原光の公共への想いを引き継ぎ、庄内藩の財政に尽くし、本間家を日本有数の豪商に育てていったのが3代目の光丘です。幼いながらも初代・原光の薫陶を受け、本間家の次世代の当主として一身に期待を浴びて育った光丘は、遠い姫路で厳しい修業をしながら、叔父の鮮やかな米相場での勝利をどのように受け止めていたでしょうか。

光丘は、宗久の当主代理が始まった2年後に帰国し、翌年の宝暦４（１７５４）年、父親の光寿の没後に本間家3代当主となります。宗久の投機的な商売を光丘が認めることはなく、激論の結果、宗久の当主代理・後見の期間は短縮され、最終的には光丘による宗久への義絶という形がとられます。宗久が心酔した投機への憎悪は、宗久への不正追及となって現れます。光丘は、宗久が本間家の資産のうち、金１８７８両、銀40匁、米２６５２俵を不正流用したとして糾弾するのです。

現在でも先物取引の決済は素人には判断が難しく、不正というよりは決済における時期や考え方の違いだったかもしれません。仮に不正があったとしても、宗久が資産譲渡を受けた際の本間家の金の資産は、１２５０両余りでした。そのうち２５０両を宗久が財産分与されたので本間本家には金１０００両しかなかったはずです。それなのに先の金額を流用したとするならば、逆説的ではありますが、いかに宗久が短期間に本間家の家産を増やしていったのかがわかります。米に至っては400俵分の田地しか持っていなかったはずなのですから。

1980年代後半から1990年代初めにかけての日本では「財テク」という言葉が世間を席巻しました。戦後積み上げた既存稼業から、土地や株式などへの投機に資金を動かし、多くの企業が大きな利益を生み出していました。バブル時代を体験した読者なら、まさに、原光が築いたものを、宗久がいわゆる「財テク」で大きくしたというような感覚を覚えるかもしれません。逆に光丘の恐れは、バブルの崩壊を体験した日本人には共感するところが大きいかもしれません。

不正流用が事実かどうかはともかく、光丘から義絶された宗久は、酒田を離れ、江戸に向かいます。酒田は関西商人と縁の深い土地です。本間家から離れるには、江戸に向かうよりなかったのです。

さて、本間家を出た宗久は江戸へ行ってどうしたでしょうか。やはり江戸の米相場に乗り込みます。宗久は結果的に相場に失敗してしまいます。理由は詳しくはわかりません。一つには、酒田でやったような早飛脚がうまくいかなかったのかもしれません。それ以上の理由として考えられるのは、江戸が酒田以上に、より規模が大きい相場だったからでしょう。つまり、いくら宗久の読みが正しくても、宗久の思うようなペースでは相場が動かなかったということです。宗久は米の作付け状況や全国の米の需給の状態を分析するのが得意だったわけですが、その分析結果についても、江戸や堂島などの参加者の多い相場では、自分がどう思うかよりも、大勢の参加者がどう思うかのほうが、より重要になります。

一文無しになって故郷に戻った宗久は、故郷の海晏寺(かいあんじ)で座禅修行に努めました。ここで、自分の相場への驕(おご)りを悟り、無心の境地を知ることで、平常心を取り戻します。さらに投機における大勢の「投機家の心理」というものについて考えるようになりました。

その後、宗久は、米相場の本場、大坂の堂島に乗り込みます。今度は大成功、大儲けの連続となります。宗久は大坂の商人たちから「出羽の天狗」と呼ばれ、誰もが目を見張る大相場師となっていきます。

賢明な宗久のことです。江戸での失敗から、大衆心理や市場心理に対する分析や対応もできるようになっていたのでしょう。『宗久翁秘録』には、現代の行動ファイナンスにも通じる、市場における人の心理がもたらす相場変動についてもいくつか記載が見られます。

例えば宗久は「商いは踏み出し(仕掛けるタイミング)大切なり。踏み出し悪しき時は決して手違いになるなり。又商い進み急ぐべからず、急ぐ時は踏み出し悪しきと同じ。売買共、今日より外、商い場なしと進み立ち候時、三日待つべし。是伝なり」と説いており、これは、相場はタイミングが大切で、この時が売買し時と思っても頭を冷やし、3日経って冷静な頭でも売買すべきだと思うなら、そうすべきであると言っています。

晩年、宗久は江戸に移り幕府の経済顧問のような存在として余生を過ごしました。子供に先立たれた宗久は、江戸や酒田の多くの公共事業や慈善事業に自分の富を寄贈したそうです。宗久と光丘は、義絶後、およそ30年後に和解したと伝えられています。

また本間宗久と言えば、証券関係者の間では、「酒田五法」の元祖で、現代のテクニカル分析（チャート罫線分析）の先駆者だとされています。しかしながら、この説には実は明確な根拠は存在しません。[*22]宗久の相場の極意の書として、晩年、彼が酒田出身の弟子の善兵衛に語った内容が『宗久翁秘録』として今に伝わっていますが、その中にチャートの話は一切出てきません。確かに、出身地の酒田が発生元とされる「酒田五法」と言われる株価チャートのパターンを5種類に分類する投資手法がわが国の投資家の間で伝えられてきたことは事実ですが、明治以降に出版された沼田五法をはじめとするチャート分析の解説書が、「本間宗久」の名前をタイトルに借りて権威づけしたことがこういう風評を生んだ要因だったのでしょう。ですから、宗久が酒田の米市場で連戦連勝だった理由は、テクニカル分析の技術というわけではありませんでした。

一方、投機を禁じ、宗久を追放した本間家の3代当主・光丘は、その後どのようにして本間家を歴史に名を残す巨大な豪商に育て上げたのでしょうか。

光丘の業績として、あまりにも有名なのが防砂林事業です。その頃の酒田では海からの強風で砂が町を襲い、その被害で田畑は砂に埋まり、人々は苦しめられていました。光丘は、父の遺言もあり、この砂害の防止のために一度失敗している防砂林計画を庄内藩に進言し、この防砂林事業に多額の資金を投じます。

海岸から平野に続く広大な防砂林をつくるには、莫大な資金と労力がかかりますし、この防砂林が完成する時に光丘は生きていないかもしれません。しかし光丘は、この防砂林事業によって、投機で有名になった本間家を、その誠実さをもって世間から信用され尊敬される家門にしたいと願っていたようです。

そればかりではなく、防砂林ができれば確実に米の収穫量は増え、農民も豊かになり、藩の財政も改善します。多くの田地を所有し、藩の財政を支える本間家にとっても、それはとても重要なことでした。

光丘の目論見は当たります。人々の信用を得て、その信用がさらなる利益を生む、人助けが同時に本間家や庄内藩全体の利益を生む、良い循環が始まり、本間家の田畑も増えていきました。そしてこのような行動が、その後の光丘の行動指針となっていきます。光丘は単なる慈善事業家ではありません。庄内藩に年貢を納めることができない農民に資金をただで提供するのではなく、農民に低金利で道具を貸し、各田地に信頼できる支配人を置き、本間家のアドバイスどおり協力し合いながら田地を農民に耕作させ生活の面倒を見るのです。離散した田地は収集しています。農民の生活を守るためのやむを得ない大地主化と言われていますが、悪意で見る人も少なくはなかったでしょう。それでも光丘としては、皆で生きていくために皆の資産を集めて最も有効に活用しようとしたことは確かであり、多くの農民の支持を受けていました。光丘は、投資家であり、投資助言者であり、資産運用者でもあったわけです。光丘の資産運用は宗久とは異なり、ずっと長期的視点に立つものでした。そしてなによりも、光丘の投資スタイルは、宗久のような個人の天才的な技量に頼るものではなく、次世代が継承できる永続性のある方法でした。

光丘は、今で言うところのコンサルティング事業をしながら、大名にも農民にも手堅く貸付けを行うという基本的な手法を用い、一代で財産と田地を当初の３５０俵分から１万６０００俵分へ、現金を金１０００両から13万両へ、貸金は0から5万４７８１両にまで増大させています。もはや大名を凌ぐ日本有数の豪商となったことで、先の「本間様には及びもせぬが、せめてなりたや殿様に」という俗謡が各地で歌われるほどになったのです。

今の時代に残っている本間家の建造物は、いわば、光丘がつくった家風が反映しているものです。現在の本間美術館（本間家旧別荘）清遠閣と庭園鶴舞園（P68〜69）は、往時の本間家の財力を今に示していますが、その建物の用途は私的なものというより、江戸時代には庄内藩主酒井家を、明治以降は皇室や政府の要人を招く施設であり、おもてなしの心にあふ

上 本間光丘が始めた地域貢献のための事業、西浜（現光ケ丘）の防砂林の植林。本間家の多くの財産が投じられ、多くの住民と共に築いた努力の結晶。何度も強風による飛砂で後退するが、そのたびに試行錯誤が繰り返され、現在の美しい松林に至る。この防砂林によって米の石高も増大していった。©MANABU WATANABE/SEBUN PHOTO/amanaimages

下 日枝神社の山王祭に参列した巨大な「亀笠鉾」。本間光丘が町の発展を願い、京都の人形師につくらせた。北前船により各都市と交易をしていた酒田の往時のにぎわいが偲ばれる。現在は、山居倉庫・酒田夢の倶楽で見学できる。（撮影・中島伸浩）

本間美術館

中上 江戸中期、円山応挙「虎皮写生図」。虎の毛皮を実見して描いたと思われる写生図で、毛並みや模様の正確さに強い探求心が垣間見える。

中左 桃山時代、長次郎の「黒楽茶碗」。鉄さび色の釉色から「さび介」の銘をもっている。酒田市指定文化財。

中右 茶室「六明廬」。

下 大広間から庭園を望む。アールデコの照明と日本間の調和が見事。

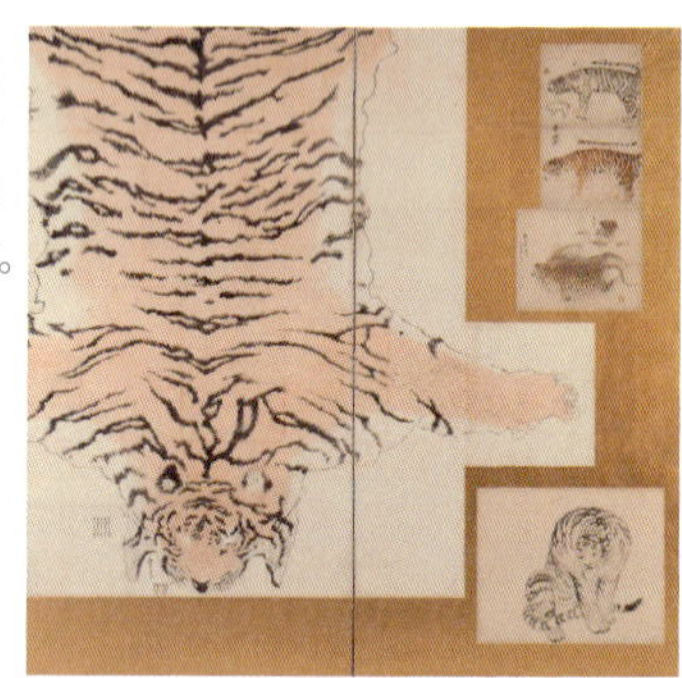

上 清遠閣は瓦ぶきと銅板ぶきの京風建築。庄内藩主や皇族のお休み処にもなった。「鶴舞園」は鳥海山を借景に、中島を中心とする池泉廻遊式庭園で四季折々の美しさが楽しめる。

本間家4代当主・本間光道が、庄内藩主酒井侯の領内巡見視の休憩所としてつくったもので、清遠閣(本館)と新館、回遊式庭園の鶴舞園からなる。平成24(2012)年には「国指定名勝 本間氏別邸庭園(鶴舞園)」に指定された。この建造と造園は、もともと江戸時代の丁持(港湾労働者)たちの冬期失業対策事業として行われた。江戸時代は豪商として、明治時代以降は日本一の地主として知られた本間家が、敗戦後の社会の混乱と人心の荒廃を見て、日本美術の鑑賞を通じて自信と誇りを取り戻してほしいという願いを込めて、昭和22(1947)年に開館したもの。奈良時代の経巻、鎌倉時代の藤原定家の書、中国や朝鮮の陶磁器、円山応挙、曾我蕭白、伊藤若冲をはじめとする江戸時代の絵画の名品など、多くのコレクションが収蔵されている。公益財団法人本間美術館 http://www.homma-museum.or.jp/ (撮影〈庭園・茶室・大広間〉・中島伸浩)

本間家旧本邸

上　本間家旧本邸の入口と樹齢400年の伏龍の松。この武家屋敷は、3代当主・光丘が幕府の巡見使一行を迎えるための本陣宿として明和5（1768）年に新築し、庄内藩主酒井家に献上した。桟瓦葺平屋書院造りの武家造りと商家造りが一体となった全国的にも珍しい建造物で、邸内も天井や床に至るまで仕様が分かれている。後に本間家が拝領し、商家造りのほうに代々住んでいた。

下　武士をもてなす上座敷に面した庭園。

上 酒井家の重鎮たちも招かれた上座敷。組木の障子など、細部まで贅を尽くした書院造り。床の間の掛け軸は西郷隆盛による書。本間家は代々、全国的に著名な武士や文化人と交流があった。

下左 本間家の当主の私室。台所近くの小部屋で、謙虚で質実な家風が表れている。

下右 商家側にある台所。大家族や大勢の使用人たちの食事が賄われた。

本間家旧本邸 http://hommake.sakura.ne.jp/（撮影・中島伸浩）

れています。いずれの建物や庭園も、最高の素材を用いて細部にまで繊細で緻密なデザインがほどこされ、華美を排した質朴さとぬくもりを感じさせる調和のとれたしつらえです。

また本間美術館に収められた絵画は、狩野探幽から、尾形光琳、伊藤若冲、円山応挙、渡辺崋山と江戸期の錚々(そうそう)たる画家の素晴らしい作品ばかりで、これを見るだけでも、往時の酒田と本間家の繁栄が偲ばれます。しかしこれらのコレクションはいずれも、当主が求めて集めたというより、本間家の公共事業や商売における御礼として、藩主をはじめ多くの方々からいただいたものが多いそうです。だからこそ一つ一つの品に想いや物語があるというのも興味深いことです。また役者絵といったような艶やかなものがほとんどないのも、質実な光丘の信条を受け継ぐものでしょう。

また、本間家旧本邸は、庄内藩主酒井家より依頼され、幕府の巡見使をお迎えするための施設として、光丘が建築して献上した建物ですが、数年前から周到に計画され、華美ではないが、障子の格子一つをとっても多様なものを配し、見るものへの配慮が行き届いた趣のある設計になっています（P72〜73）。使節がたった一度使った以降は本間家に下賜され、本間家の家族が暮らすことになりましたが、使節をお迎えするための武家造りの棟と住まいとして使われる商家造りの棟を、縁側の板張りの向きに至るまできっちりと区別し、当主の部屋も土間に近い北西の小さな部屋に留められています。光丘の人となりや考え方が、邸内の隅々にまで行き届いていることが、現在の私たちにも感じられます。

光丘は叔父の宗久に先立つこと2年、享和元（１８０１）年に亡くなります。享年70歳。宗久は享和３（１８０３）年、86歳の生涯を江戸で終えています。

このように本間家出身の気鋭なリーダーである二人が、天下太平の江戸時代において、それぞれまったく異なるやり方で経済発展に尽くした生き方は、現在に生きる私たちにとっても示唆に富むものと言えるでしょう。

2

明治・大正期

兜町と北浜

1　明治初期の堂島米会所

慶応3（1867）年、大政奉還が行われ、江戸幕府は事実上終焉し、1868年に「明治」へと改元され明治時代が始まりました。明治への移行に伴う混乱で、米相場も激しく変動しました。戊辰戦争で大量の米が兵糧として集められたうえ、田畑が荒廃して米の収穫量が激減し、品薄になった米相場は天井知らずとなります。さらに、幕末、仙台藩が奥羽越列藩同盟に加わり江戸への廻米を停止したことや、江戸で消費される米の主要産地であった東北が戊辰戦争の主戦場となったことで、江戸に入る米が急減します。江戸の米相場は、品不足から一層の急騰を見たのでした。

米価格の急騰を受けて、明治2（1869）年、明治政府は堂島米会所ほか全国米会所を「相場禁止令」によって閉鎖します。明治政府は、米価格の急騰原因を米会所での活発な売買にあると考え、市場を閉鎖すれば米価格の急騰が収まると思ったようです。[*23]

また、大阪（慶応4〈1868〉年5月、大阪府が設置され、その頃から大坂は大阪と表記されるようになりました）でも、戊辰戦争により取引対象となる米の大阪流入が減少し、大阪に米が集まるからこそ成立していた堂島米会所の機能が果たせなくなっていました。

しかし米会所の閉鎖で、米取引価格の目安がなくなり、取引に支障をきたしたので、明治４（１８７１）年に米会所が再開されることになりました。[*24] 堂島米会所についても再開はしたものの、その取引はもはや往時のものではありませんでした。第１章で見てきたように、堂島米会所を中心とした大坂米市場は、藩の資金調達市場であり、藩債にあたる米切手を扱う金融市場としての機能が大きかったのですが、版籍奉還で藩そのものが消滅し、それらの負債を明治政府が公債等で調達していくなかで、大坂米市場の必要性がなくなり、事実上その役目を終えたのでした。

2　取引所設立の背景
——武家の退職手当（秩禄公債・金禄公債）の売買——

江戸幕府から明治政府へ政治権力は移行しましたが、直ちに、各藩が保有する年貢徴求権が自動的に明治政府へ移ったわけではありませんでした。当初、明治政府の収入は、没収した旧幕府領（直轄地約８００万石）から生じる年貢のみでした。そこから、政府職員として雇用するという形で旧公家等への給与を支払い、旧幕府軍との戦費等を賄おうとしたものの、とうてい足りません。さらに直轄地では年貢徴収を厳しく徹底したために一揆が勃発し、世情不安が続きました。

そこで明治政府は、明治２（１８６９）年に版籍奉還を行い、各藩が保有する年貢徴求権を明治政府へ移します。これによって各藩による地域支配が終わり、藩が発行した米切手や藩債などの債務は明治政府が継承しました。

明治政府は、戊辰戦争での多額の戦費に加え、版籍奉還に伴って生じる藩債等を引き受け、かつ、旧武士階級（以下、士族）へも従来どおり俸禄を支払おうとしたため、多額の資金が必要となりました。そこで、外国商人や政府を引き受け先とした債券を発行し、海外からの資金調達を実施しました。もちろん、そういった多額の借金の返済に見合う収入がない事情は変わりません。明治政府は支出削減のため、士族の俸禄、つまり秩禄（ちつろく）を削減しようと考えます。

明治政府は、士族が就業できるよう産業育成を進めるかたわら、明治６（１８７３）年、秩禄公債を発行しました。これは、士族の秩禄を数年分まとめて債券化し、金利が受け取れるような仕組みにしたもので、いわば退職手当のようなものでした。秩禄公債の満期までは、毎年一定額の金利が受け取れます。明治政府としては、士族の将来における収入の数年分を一括支給し、士族に起業などをさせて国力増加を図る一方、以後の俸禄の支給を打ち切ることで、将来の財政負担を軽減しようとする狙いがありました。秩禄公債は、募集に応じた者だけを対象とする任意制で、13万5884名に支給されました。

秩禄公債を受け取った士族の中には起業できた者もいましたが、秩禄公債を質入れしたり、両替商に売却して一時的な生活資金とする者も多数いました。また、当初は秩禄公債を保有し続けた士族も、物価上昇によって、秩禄公債から得られる金利だけでは食べていけなくなり、これを売却して現金化した者も多かったようです。

さらに、明治9（1876）年にはすべての士族を対象とした強制的に秩禄処分を迫る「金禄公債」の発行が決定されます。士族の俸禄は永久に保証されていると考えていた一部の士族にとっては予想外のことで、明治政府が、困窮する士族の怨嗟（えんさ）の的となったことは想像に難くありません。明治政府は、これらの公債の価格を維持したいがために、公債の売買譲渡質入れを禁止していましたが、先に述べたように、困窮した士族の多くが、密かにこれらの公債を質入れし、両替商などに売り渡していました。表向き禁止されているわけですから、秩禄・金禄公債の売買には、公的な市場も価格も存在せず、士族は相手の言い値で売らざるを得ないこともあり、法外に安く手放すケースもありました。一方で、こうして各地の金融

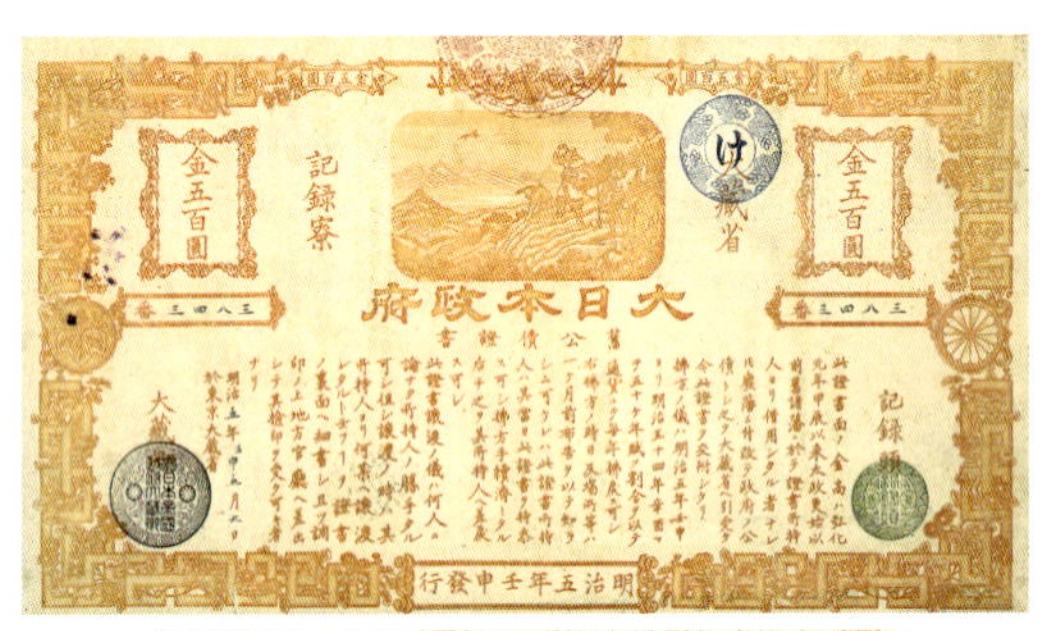

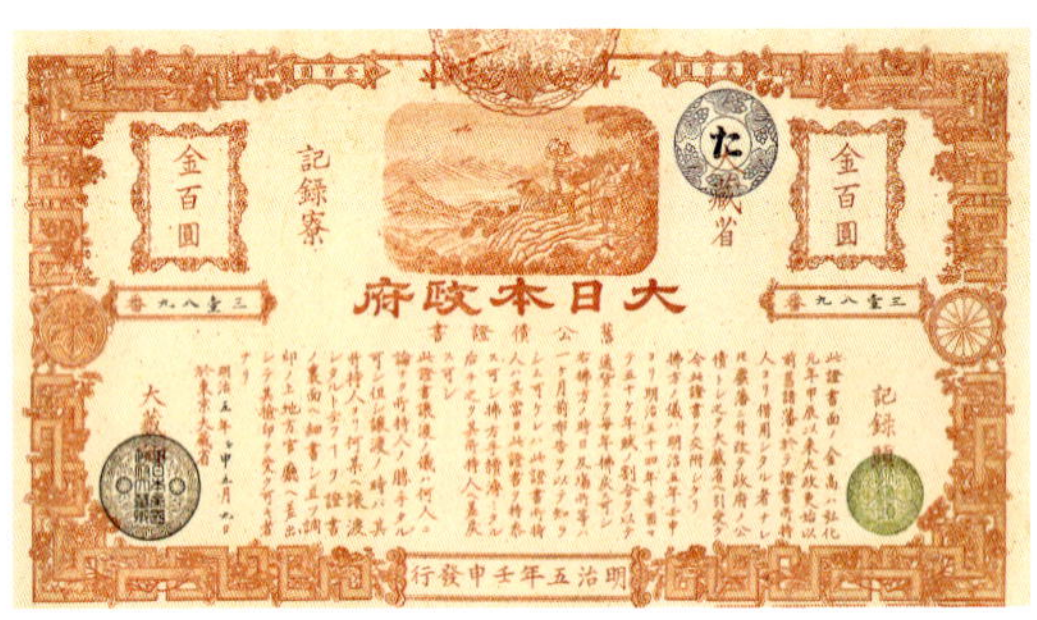

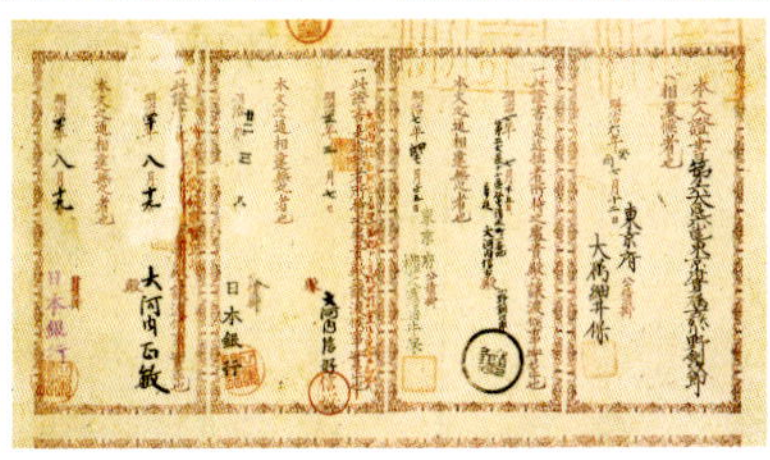

上・下 旧公債券面。版籍奉還にあたり、各藩が有していた慶応3(1867)年までの藩債を明治政府が肩代わりしたもの。上が金五百円の債券で、下が金百円の債券。©日本取引所グループ

金禄公債券面。金禄公債は、仲買人を介して、主に士族から銀行へ売られた。金禄公債の券面利回りには複数種類あるため、価格は一通りではないが、同一条件でも仲買人によって買取価格が異なっていた。仲買人は、地方を練り歩いて士族から金禄公債を買い集めており、田中平八（糸平）の売買記録でも、郷里伊那谷の士族から買ったものがある。©日本取引所グループ

明治時代の政府公債の一覧

公債の名称	発行理由	発行額	期限
旧公債	維新前の旧藩債務 版籍奉還により明治政府が継承	1,097万 3,000円	50年
新公債	維新後の旧藩債務 版籍奉還により明治政府が継承	1,242万 3,000円	25年
秩禄公債 （任意） 明治6（1873）年	秩禄処分 禄を返上した士族に与えられた年金公債	1,656万 6,000円	9年
金禄公債 （強制） 明治9（1876）年4月	秩禄処分 秩禄処分に最後まで応じなかった士族に強制割り当てされた年金公債。小禄ほど金利が高く、大禄になるにつれて低い金利となっていた	1億7,390万 3,000円	30年

©日本取引所グループ（同社作成）

秩禄公債・金禄公債の流れ

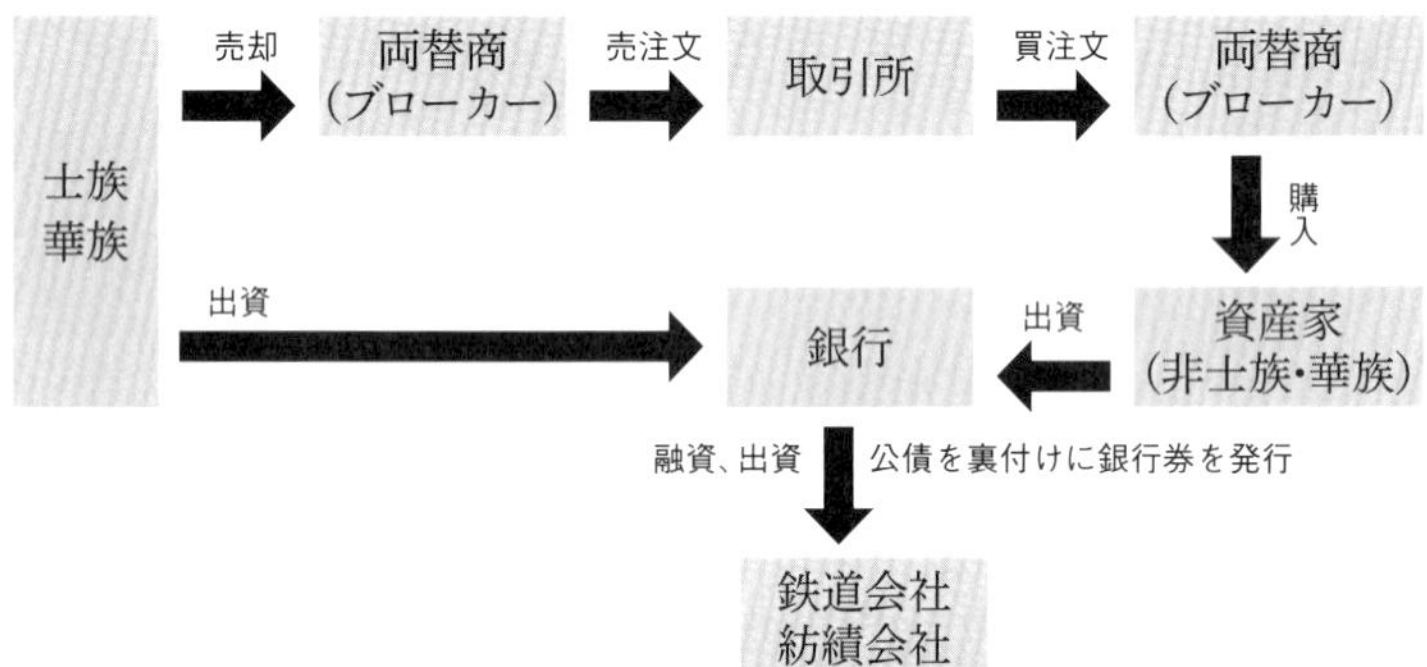

資産家は、割安で購入できる公債を出資金として銀行に入れ、券面額の銀行株式を引き受けることで、出資が得られた。©日本取引所グループ(同社作成)

業者等が困窮した士族から買い集めた公債は、業者間取引を経て一部の資力のある富裕層に集積していきます。富裕層にとってはこれらの公債での資産運用が都合がよかったのです。

明治6(1873)年、征韓論の対立から明治維新の立役者である西郷隆盛らが下野した事情は、司馬遼太郎の小説などで広く知られていますが、代々の家禄を手放さざるを得ない状況が、そういった一連の出来事の背景にあったのです。そして、その秩禄公債、金禄公債の売買需要の多さに鑑み、その売買価格を適正化・公正化することは、当然のことながら、明治政府にとって大変重要な問題となっていたのでした。これが、明治期の証券市場誕生の背景となるのです。

3 取引所設立の背景
――生糸と洋銀取引と明治期の新しい経済人――

安政5(1858)年、米国在日領事のタウンゼント・ハリスと日本側交渉担当者の岩瀬忠震(ただなり)との間で、全14条からなる日米修好通商条約が締結されました。この条約では、神奈川[*25]ほか4ヵ所を開港したうえで、日本に駐在する米国籍の貿易会社が、欧米で不足していた鯨油と生糸を輸出させることを念頭に、日本への輸入品は輸入額の5~10%、日本から海外への輸出は輸出額の5%を、貿易会社がそれぞれ江戸幕府へ支払う内容とするものでした(米国に続き、同内容でイギリス、フランス、ロシア、オランダとも締結)。

上記のような貿易税の条件が妥結し、横浜を開港すると、米国やイギリスからの生糸商人が次々と上陸してきました。[*26]当時の欧州は産業革命の最中で、絹織物の原料である生糸が慢性的に不足していました。そこへ蚕病(さんびょう)が発生し生糸の生産が大きく減少したため、欧州は生糸を世界中から求めていたのです。最初、欧州では清(しん)からの生糸輸入を行っていたのですが、どうにも品質が安定しません。そこで新しい生糸の供給地として日本に活路を求めてきたのでした。

とはいえ、日本には生糸に関する統一的な品質基準が存在せず、各産地が伝統製法で生産していたのが現実でした。生糸は斤という単位が目方の基準になっており、同じ量でも重いものほど高品質とされていました。そのため、産地の中には、生糸に白い粉をまぶして斤量を多くごまかしたものもあって、欧米で必ずしも高い評価を受けてはいませんでした。

それでも横浜開港から数年が経つと、生糸が儲かるとして東北から九州までの各県で生産が始まるのですが、当初の主要産地は信州と上州くらいしかありません。全国的に生糸不足だったことから価格はうなぎ登りとなり、日本国内の需要分まで横浜から輸出されるほどでした。

そこで生糸の代わりに目を付けられたのが蚕卵紙（種紙）でした。蚕は成虫になっても飛べないため、雄雌を同じ箱に入れて交尾させると卵を産み落とします。その卵を方眼紙のように升目を切った和紙に貼り付けたものが蚕卵紙です。蚕は口吻がないため成虫になっても餌をとることはなく、体内の栄養を使い切る生後10日程度で死滅します。その10日間に交尾をさせて紙に卵を落とさせて蚕卵紙を生産するわけです。

横浜で外国人相手に商売ができるのは、居留地として区切られた現在の関内にあたる一帯で、その北東側には新橋から延びる鉄路の停車場があり、東京府内とは汽車で結ばれていま

上　生糸の出荷風景。生糸は幕末期の重要な輸出品目であった。明治期後半になると、主な産地である群馬県や長野県から横浜港へ輸送されるにあたり、鉄道網整備が進んだ。例えば、明治41(1908)年に開通した横浜線(八王子ー横浜)は生糸輸送の需要に応じて敷設されたもの。©上田市丸子郷土博物館

下左　生糸。生糸は束ねられて横浜港から海外に出荷された。写真中央部の黄色の紙は生糸の品質鑑定結果を示している。©横浜生糸記念館

下右　蚕卵紙。蚕に卵を産ませ、手作業で升目1つずつに配置したもの。養蚕家が購入する。写真は高知県のもの。©紙の博物館

した。この関内にいる外国商人が日本で蚕卵紙を買付けて本国へ輸出して利益を上げようと、蚕卵紙を売る日本人商人を求めていました。

そこに歴史上、忽然と姿を現すのが、長野県伊那谷出身で、後に伊藤博文に「天下の糸平」と呼ばれることになる田中平八です。実はこの田中平八、以降本書では糸平と呼ぶ人物が、明治期の証券取引所の誕生、即ち東京株式取引所設立に、大きく関わる重要な人物となりますが、その詳細は後段に譲るとして、このように生糸が日本の主要な輸出品となったことが、取引所設立の時代背景として重要であったということをもうしばらく説明します。

こうした生糸の輸出によって、外貨と日本の貨幣の両替の必要性が生じました。生糸の輸出の対価として支払われるのは、当時、スペイン銀貨（メキシコ産の銀を用いた1ドル銀貨）でした。これは、日米修好通商条約に基づき横浜で貿易を行ううえでの決済通貨がドルとされたためで、幕府政権下では、当時の国内通貨である天保一分銀とスペイン銀貨の交換比率は固定[*27]されていました。銀貨を受け取った生糸商人は、国内で生糸を調達するために、スペイン銀貨を日本銀や日本金貨に両替する必要がありました。実は、この両替にはスペイン銀貨を手に入れて日本銀貨・日本金貨に交換できる者には大きな利益を得る機会を与えました。天保一分銀と1ドル銀貨の交換比率は固定なので、この取引だけで利益が生まれるわけではありません。問題は、欧米での金銀の交換比率と日本での金銀の交換比率の差にありました。

天保一分銀の銀含有量は8・625グラム、天保小判の金含有量は11・24グラムでした。天保一分銀4枚で天保小判1枚と交換したので、銀34・5グラムで金11・24グラムに交換できました（約3対1の比率）。

これに対し、外国で流通していた1ドル銀貨の銀含有量は27・61グラム、同時に流通した20ドル金貨は33グラムの金が含まれていましたので、外国では、銀貨20枚の銀552・2グラムで金貨1枚の33グラムの金と交換できました（約16対1の比率）。

このように、日本国内と外国で、金銀の交換比率が5倍も異なっていたのは、日本国内には金山が多く、金が銀に対して割安であったことが要因です。しかし、日米間では、国内外で金銀交換比率が異なることを無視して「銀貨を交換通貨とし、含まれる銀の重さを揃えて交換する」と決まってしまった結果、1ドル銀貨1枚で天保一分銀3枚と交換することとなり、4枚の1ドル銀貨があれば天保一分銀12枚に相当することから、天保小判3枚と交換できる計算になります。外国では、銀貨20枚ないと入手できなかった金の量が、日本に来るとわずか銀貨4枚で入手できるわけですから、これほど「濡れ手に粟」の両替はありません。外国人はこぞって1ドル銀貨を日本に持ち込み、天保小判に替えて外国へ持ち出して、溶かして地金を売って、売却資金を1ドル銀貨に替えて日本に持ち込みます。これを数回繰り返せば大儲けできたのです。

洋銀取引の仕組み

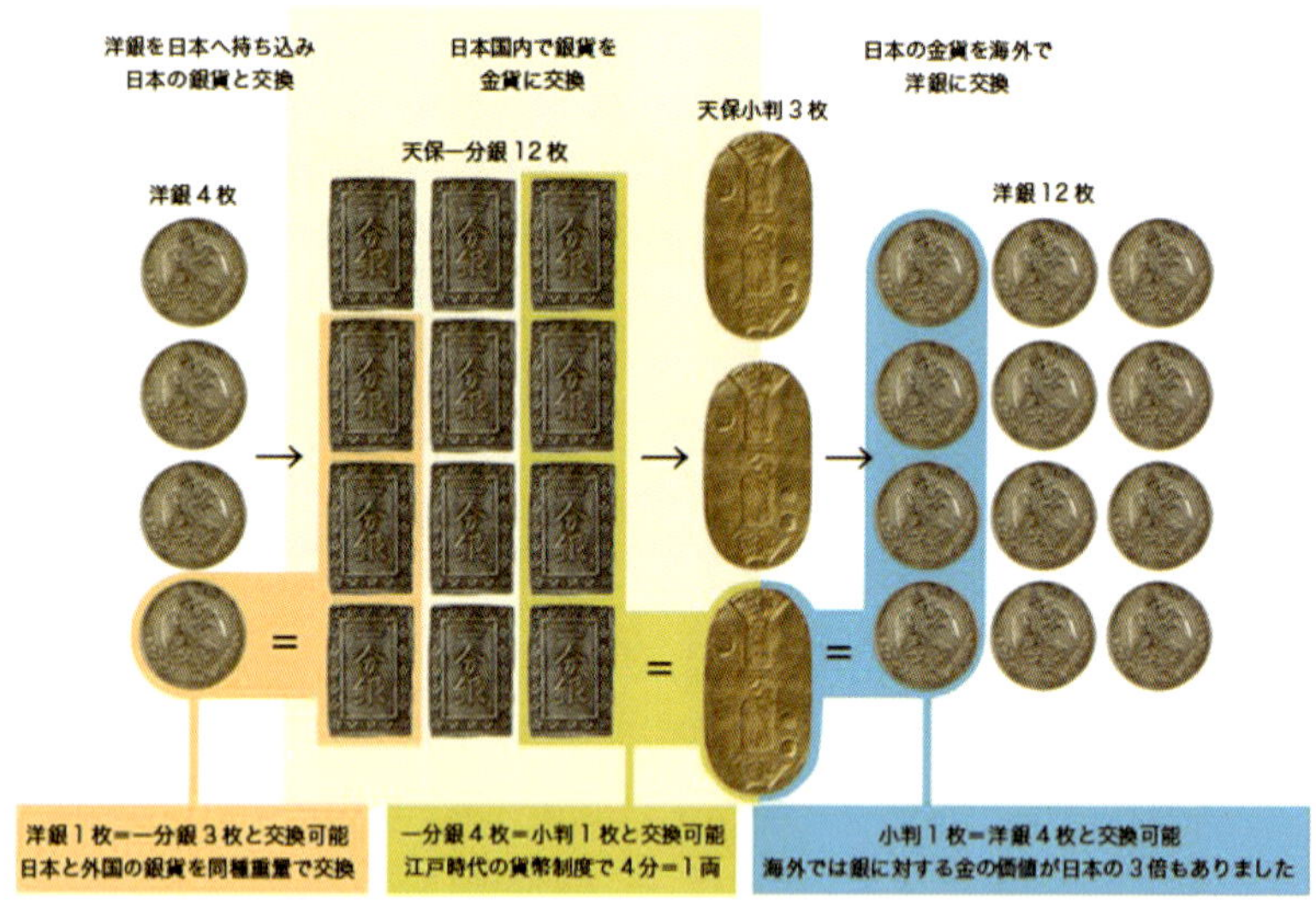

開国後の通貨交換。国内外の金価格の差により大量の金が海外に流出した。
©日本銀行金融研究所 貨幣博物館（同館作成）

国内と海外の金銀比率の違いから生じる収益を狙った両替が増えたことで、日本から大量の金が流出しました。そこで、江戸幕府は慌てて小判を改鋳して（天保小判→万延小判）金の含有量を減らす措置をとりました。これによって、海外への金流出に歯止めがかかり、交換比率の差を狙った両替は下火になりましたが、貿易が活発になるにつれ、洋銀と交換する天保一分銀が手に入りにくくなる「貨幣不足」が生じました。

明治期になって洋銀と日本銀の交換比率は変動相場制（＊27参照）になり、こういった相場の変動を利用して収益を狙う取引、いわゆる洋銀取引が、横浜で活発に行われるようになりました。そしてこの洋銀取引を専門に行う業者たちが横浜に多数集まり、その多くが取引所の誕生に関わっていくことになります。先述した糸平がその代表格です。日米修好通商条約から生糸の輸出が始まり、そこから洋銀取引へつながったという時代背景を理解しておくと、証券取引所の誕生に関わる多くの人々が、江戸期の伝統的な経済の流れや、明治維新の政治的・軍事的・思想的動乱とはまったく異なる世界から忽然と現れたわけではないということが、よくわかります。彼らもまた、〝明治という時代〟が生んだ新しいタイプの経済人だったのです。

次に、新たな経済人の代表格であり、取引所の誕生に大きく貢献した田中平八（糸平）についてもう少し詳しくお話ししましょう。

4　「天下の糸平」と呼ばれた男

天保5（1834）年、千畳敷カールで有名な駒ヶ岳の登山口がある信濃国伊那郡赤須村、現在の駒ヶ根市赤穂（あかほ）で、後に糸平と呼ばれることになる藤島釜吉が誕生します。赤穂は駒ヶ根市が市役所を構える中心部で、現在は国道153号（伊那街道）と南は東三河の豊橋まで延びるJR飯田線に挟まれた南北に細長い地域です。

糸平の生家は藤島家という素封家でしたが、糸平の父親の卯兵衛が家の財産を使い果たし、糸平は質屋を経て飯田城下の魚屋に丁稚（でっち）奉公に出されました。ここで糸平は商売の才能の片鱗を見せ、魚屋として独立、同じく飯田城下の染物屋「丸宏」の娘と結婚し、婿養子に入りました。丸宏の家は田中姓であったので、以後、田中平八となります。

婿入り後、「田舎にいても面白いことなどない。名古屋へ出てひと儲けしよう」と、糸平は店の金を横領、名古屋へ出て米相場に手を出します。この当時、江戸幕府による商圏独占の仕組み「株仲間」が機能していたため、飯田城下で商売する糸平が江戸に出て商売をすることはできなかったという事情がありました。意気揚々と飛び出した糸平の相場の腕はいまひとつで、持ち出した金はすぐに底をつき、身一つで飯田へ帰ってくる始末でした。

その後、糸平は飯田城下で働いていましたが、伊那街道を行き交う商人から仕入れた情報により、横浜で外国人が生糸を求めていることを知ります。

「生糸でひと儲けできるのではないか」

田舎で商売をしていることに耐え切れず、糸平は再び妻子を残して出奔するのでした。米や生糸の行商をしながら横浜にたどり着き、そこで人力車稼業に従事したとされるのですが、このあたりは諸説あります。

「天下の糸平」こと、田中平八。©糸平興産

城山三郎の小説『雄気堂々』では、「かつては藤田小四郎の天狗党に加わり、筑波山にたてこもったことがあるだけに、血気さかんである」と紹介され、横浜にたどり着く前、現在の茨城県つくば市周辺に蟠踞（ばんきょ）した天狗党の構成員であったと書かれています。また、早乙女貢『天下の糸平』では、木場の材木屋、堀江屋の使いとして筑波山へ行ったところ、天狗党に間違えられて官吏に拘束され、旧知の元水戸藩士ともども中山道経由で京都へ逃れた

ことになっています。

天狗党の乱は元治元（１８６４）年に発生していますから、仮に糸平が天狗党に加わっていたとすると、横浜で商売を始めるのは１８６５年頃となるはずなのですが、糸平25歳の安政５（１８５８）年には横浜にいたらしいとも言われており、どの説が正しいかは判然としません。

一説では、横浜の商人である大和屋三郎兵衛に才能を見出され、外国商人相手の生糸の売り込みと洋銀相場の取引で商人としての頭角を現していったとされています。糸平が30歳になった文久３（１８６３）年には、それまでに築いたすべての財産をいったん失ったという記録もあります。持ち船が沈没したことの損害によると言われています。別の見方をすれば、船を所有するほどの資産家であったことになります。そして、それからわずか2年後、慶応元（１８６５）年には大和屋から独立し「糸屋平八商店」を設立、糸屋の平八であることから、糸平と自称しました。

時に糸平32歳。糸平は、日本での生糸などを買付けるために、洋銀から天保一分銀への両替を必要とする貿易商に対して、自らが両替商となって、方々からかき集めた天保一分銀を売り付けたと言われていますが、交換レートは、天保一分銀の仕入れコストに儲けをのせたもので、これは現在のＦＸ取引を行う業者と非常に似たような収益モデルと言えるでしょう。

生糸と洋銀取引が、一人の若者を天下の富商に押し上げたのです。

糸平は30代の前半で、すでに天下の大富豪でした。まだ、岩崎弥太郎も渋沢栄一も何者と言うほどのこともなかった時期にです。糸平の才覚と、彼を押している時代のダイナミズムがどれほどのものだったかが窺(うかが)い知れます。そして、明治5(1872)年、糸平は、その年に設立された横浜金穀取引所の初代頭取に就任しています。

もちろん、この華麗な経歴は糸平の商才によるものかもしれません。また、今とはまったく違い、浮き沈みの激しい時代であったとも言えるでしょう。しかし、糸平のその後の人間関係等を踏まえて、ちょっと引いて眺めてみると、この経歴の陰に一人の政治家の姿が浮かんできます。時の大蔵大輔(たいふ)・井上馨(かおる)です。

井上馨。
©日本取引所グループ

井上馨は糸平の横浜での最初の絶頂期に、参与兼外国事務掛(かかり)という役職に就いています。この時に井上と糸平がつながっていたと想像するのは難くありません。そして糸平の人生が絶頂に達した明治5(1872)年頃といえば、井上は、大蔵省の財政担当として並ぶものがいない権勢家として君臨していました。司馬遼太郎の小説『翔ぶが如く』では、留守番政府の事実上の首相である西郷隆盛が、

「三井の番頭さん」と呼ぶほどに、井上と三井組の癒着ぶりをからかい、井上が不快感を募らせた様子が描かれていますし、海音寺潮五郎の『悪人列伝』では貪官汚吏の代表のように描かれています（事実、後に尾去沢銅山汚職事件で江藤新平司法卿から激しい訴追を受けて失脚しています）。天下の富豪の華麗な経歴の背後に、日本財政の責任者であった井上馨との関係を想像することはできそうです。

また、明治期指折りの艶福家と言われた糸平は、明治4（1871）年、お倉として名を知られる芸者に料亭「富貴楼」を開業させます。場所は居留地の北辺、現在の横浜市中区尾上町5丁目。当時の料亭とは待合茶屋のことで、座敷を貸し出すのが商売でした。座敷に芸妓を呼び寄せて宴会を催したり、遊女を呼んで一夜を過ごす場所でした。著名人が通う有名な料亭の周辺には優秀な芸妓が揃い、この当時の横浜芸妓は、新橋芸者を凌ぐほどの勢力を誇っていました。

お倉は、江戸で遊女として働いていたあと、大坂で芸者となり、糸平に呼び寄せられて横浜へ移ってきたと言います。遊女の間、井上馨と深い関係にあったという話もあるのですが、いずれにせよ、お倉は糸平が目をかけていただけあって、後に「老いても身だしなみのよい女で、老年になっても顔は艶々していた」と噂されるほどの美人でした。当時、お倉に惚れ込んだ政府高官や実業界のトップクラスが次々と汽車で横浜入りしたと言われ、その中には、伊藤博文、井上馨、山縣有朋、大久保利通、岩崎弥太郎、西郷従道、陸奥宗光、福地源一郎、三井高福、今村清之助、そして渋沢栄一、栄一の2歳年上の従兄弟・渋沢喜作などがいました。

この富貴楼で糸平は、多くの有力な政治家や富豪とさらに強いパイプを持つことになります。この幅広い人脈を活かして情報を収集し、多くの儲け話が進められたことでしょう。その一つに、先に述べた、秩禄公債・金禄公債等の公債を売買する取引所の設立があったと思われます。

糸平という人物の基本的なビジネスモデルには、取引所を効率的に利用するスタイルが浮かび上がります。まず、洋銀取引では、売方と買方の双方へ提示した売買値段の差額、いわゆるスプレッドを利用した取引で儲けています。これは先述したとおり、今の為替取引業者と同じです。また、金穀取引所では、フイドンと呼ばれた中国人商人や香港上海銀行との激しい相場戦を演じていますが、追い詰められると、取引所の頭取の地位を利用して、相手方に不利なルール改正を突然行うなどして、最終的に大儲けしたと言われています。また、晩年には、東京米商会所（兜町米商会所と東京蠣殻町米商会所が合併したもの）の初代頭取になり、この東京米商会所株を上場させて大きな仕手戦を仕掛け、ここでも大儲けしたようです。このように、糸平には取引所を通して儲けるという癖のようなものがありました。

結局、横浜の相場戦では、金穀取引所の信用を失墜させ、糸平は横浜の洋銀取引に関わりづらくなりました。横浜にも居づらくなり、兜町に居を移しています。彼は、独自に仕入れた情報から、東京での公債等の売買に注目するのですが、例の癖からなのか、公債等の公設の取引所の設立に向けて動き出します。そしてその動きは、明治11（1878）年の東京株式取引所の設立で達成されます。東京株式取引所創立証書には、10番目に田中平八という糸平直筆の署名があります。全部で95名の連名の中、持ち株数で言えば同順で3位にあたる大株主ですが、そっとまぎれるようにその名があります。

糸平がそこで果たした役割がなにか劇的なもので、歴史の記録に残っているわけではありません。ただ、明治7（1874）年にいったん施行された株式取引条例が多くの仲買人候補者から失望された後に、渋沢栄一の手で修正され、実務として取引が機能していく過程では、銀行家や事業家だけの思惑ではなく、彼ら仲買人の利益や実務が尊重されなければなりませんでした。そうした仲買人と、事業家や銀行家、政府らとの調整ができて、かつ取引所の実務がわかる人間は、人材多しといえど、糸平以外にはいなかったのではないでしょうか。糸平は、後述する横浜の洋銀取引に携わる連中の事実上の首魁の地位にあり、彼らの多くが新しくできた取引所の仲買人として活躍していました。また彼は、井上馨や渋沢栄一とも昵懇の間柄でした。先に述べたとおり、取引所の設立時には糸平はあえて控えめな地位にいて、特に役職にも就いた形跡はありませんが、その理由の一つには、明治政府の威信のかかった公債の取引をする取引所では、糸平といえども最初から無茶なことはできなかったということでしょう。もう一つは、そもそも調整役という、表側でなく裏方としてこの取引所の設立に関わったからだと推察されます。

それでは、いったんここで、糸平から離れて、フイドン相手に糸平が大暴れした時の相方であり、公債取引所の設立では、表側で仲買人の先頭にいた、島清こと、今村清之助をご紹介したいと思います。

5　明治の若き経済人、島清こと今村清之助

嘉永2（1849）年、中央アルプスと南アルプスに挟まれた伊那谷にある出原村（いずはら）（現在の長野県高森町）で、今村清之助は嶋田屋吉左衛門の次男として生まれました。出原村は中央道が南北に貫く高台の地域で、旧三州街道（伊那街道とも言う。現在の主要地方道飯島飯田線）沿いに広がります。

清之助が生まれた頃、出原村は交代寄合[*28]の座光寺家の領地で、稲作と養蚕を中心とする農村でした。清之助が生まれた嶋田屋は今村姓を名乗り、出原村の有力家の一つでした（ほかには宮脇家、宮下家）。座光寺家は、国学の平田篤胤（あつたね）の弟子を招聘（しょうへい）し、国学を家臣や領内の村人に学ばせており、とりわけ、清之助の生家に近い宝泉寺の住職は出原村でも有名な国学者でした。住職は寺子屋を開き、村人に国学を教えていたと伝えられており、幼年の清之助も、宝泉寺の住職から国学を学んでいたと考えられています。

清之助の生まれた今村家は、村の有力者でありながら商売の失敗により財産を減らし、没落の中にありました。清之助が後年、立身出世に燃えるのは、貧しい境遇に生まれ育ったことが要因の一つかもしれません。

とはいえ、当時の手間賃は安く、貧しさから抜け出したかった清之助は、「いくら働いても農家では資産家にはなれない」と幾度となく長兄に訴え、「商売で手早く儲けよう」と提案していました。これに対し長兄は、「家に在り農を勤めて以て老父母に仕えよ」と清之助を諭します。一度は引き下がった清之助でしたが、商売でしか資産家になれる道はないとの想いは消えず、家を出ていくタイミングを窺っていました。

元治元（１８６４）年、尊皇攘夷を訴える水戸浪士が出原村の北方にある和田峠で高島藩・松本藩と交戦し、勝利を収めて旧三州街道を南下し、出原村を通過するという出来事がありました。水戸浪士は凶暴で襲われるのではないかという噂で旧三州街道沿いの村は騒然としました。当時、清之助は16歳、伊那谷でも時代が変わっていくという実感を得たのでしょうか、その年に、家にあった金2朱を手に家を飛び出します。

家を出たものの、出原村は両脇を峻険な山々に囲まれ、近くに盛り場もありません。どうしようかと伊那街道を歩いていると、たまたま旅装の僧侶を見かけたので、一緒にどこかへ連れて行ってもらえないかと頼み込みました。すると僧侶から「江戸に出るつもりだが、それでもよければ一緒に来なさい」と許され、江戸まで僧侶と旅することとなります。

出原村を出て一月足らずの後、現在の東京都板橋区板橋本町に到着した清之助は、僧侶と別れると、たまたま泊まった宿の同宿者から、横浜なら自由な商売ができると聞いて、さっそく徒歩で横浜に向かうことにしたそうです。この時、同じ伊那谷の出身で、横浜で成功を収めつつあった糸平を、清之助が知らなかったとは思えません。ひょっとしたら清之助は、最初から横浜を目指していたのではないでしょうか。

今村清之助。撮影年齢は不明。©高森町

横浜に到着した清之助は働き口を探すのですが、自由都市・横浜という触れ込みであっても、特に伝手（つて）もない清之助にとって高い壁であったのは想像に難くありません。成功者として名高かった糸平にも、同じ郷里というだけで、簡単に会いに行けるわけでもなかったでしょう。

四方八方で仕事を探すうちに、平野屋市五郎商店の手代と知り合ったことが縁で、平野屋で働くことができるようになったのですが、その矢先に長兄の依頼で清之助を探していた親類に見つかり、この時は伊那谷へ連れ戻されてしまいます。

出原村に戻った清之助ですが、やはりじっとしてはいられませんでした。なんとしてでも商売を始めたかった清之助は19歳の時に、長兄に商売の元手として1両を貸してもらい、出原村でとれた鶏卵を12キロ離れた飯田城下で売り捌く商売を始めました。

これは少額ながら利益を出すことができたので、より大きな元手で商売をしたいと大叔父の彌右衛門に5両の融資を依頼したのですが、断られてしまいます。それが悔しかった清之助は、翌明治元（１８６８）年、金1分だけを懐に入れて再び家を出て、今度は名古屋から横浜へと向かいました。松下軍次『信濃名士伝　初編』（私家版）では、清之助は名古屋へ出てきた後、笠間という武家衆と共に横浜へ向かい、そこで平野屋の没落を知ったとあります。平野屋は糸平から借りた金が返せずに破産してしまったのです。

清之助は、仕方なく、埃立つ居留地の片隅に陣取り、夜な夜な屋台で「さざえのつぼ焼き」売りを始めたのでした。さざえを焼き続ける清之助の顔は炭で真っ黒でしたが、それでも眼光鋭く、いつか出世して金持ちになるという夢を捨てたことはなかったそうです。

そうした折、屋台の客に生糸商人の手代がいたのですが、この人物は清之助が信州伊那出身と聞くと、「生糸の蚕卵紙に詳しいだろうから、屋台をやめて俺を手伝わないか」と誘いました。清之助もさざえの屋台をあっさりやめて、その手代と共に蚕卵紙の買付けのため、信州上田へと向かいました。

蚕卵紙の買付けは成功し、その報酬として100両を超す、清之助が今まで見たことのないような大金を手にすることができました。ところが、世間はそう簡単には清之助を立身出世させてくれません。蚕卵紙で稼いだ100両を慣れない生糸相場に投じて無一文になってしまい、またもや貧困からの再出発となったからです。

「俺は貧乏には慣れている。またやればいい」

清之助の意欲は衰えませんでした。今度は、煙草を仕入れて分量を計測し、小分け販売することを始めました。この商いで多少なりとも元手をつくると、次は横浜遊郭の入口で、今で言う洋酒スタンドを開業しました。この頃、洋酒といっても何がウィスキーで何がワインかを知る者は少なく、それらしい外観があれば洋酒として販売できました。

清之助は赤ワインを仕入れて日本酒と水で薄めて店先に並べることにしました。洋酒スタンドは夜の営業でしたし、蝋燭（ろうそく）の明かりしかないような時代ですから、そもそも色がはっきりわかりません。また客も、その味が正しいのかどうかもわからなかったのです。清之助は、この怪しげな洋酒スタンドで一応の儲けを出すことに成功します。

次から次へ新しい稼業に精を出す清之助ですが、それだけではなく、かつて世話になった平野屋の再興を考えていたようです。平野屋は生糸相場で失敗して糸平に３０００両もの借金を抱えている身だったそうですが、清之助は糸平をはじめ、債権者たちに平野屋再興を訴えて回ったと言われています。

清之助が洋酒スタンドを営んでいたのは明治元（１８６８）年頃とされていますから、まだ20歳そこそこの徒手空拳（としゅくうけん）の若者だったはずです。それが、なんと明治２（１８６９）年までには平野屋を無事再興し、翌明治３（１８７０）年には、清之助は平塚の斉藤彦兵衛の次女やす子と結婚、横浜で商店「島田屋清助」を開業したそうです。

ここまでくると、さすがに話がうますぎます。名古屋で平野屋が同郷の英雄の糸平からの借金で倒産したと聞いた時、このような行動家の清之助が何を考えたのか想像してみましょう。おそらく清之助は、糸平に会いに行ったことでしょう。清之助がさざえを焼いて、上田に蚕卵紙を買付けに行って、生糸相場を張って、洋酒スタンドで儲けるといったくだりは、糸平が横浜で商売を拡大していくストーリーとどこか重なっているのかもしれません。後年の二人のつながりの濃さを見ても、この頃から糸平の下で仕事をして頭角を現した清之助が、

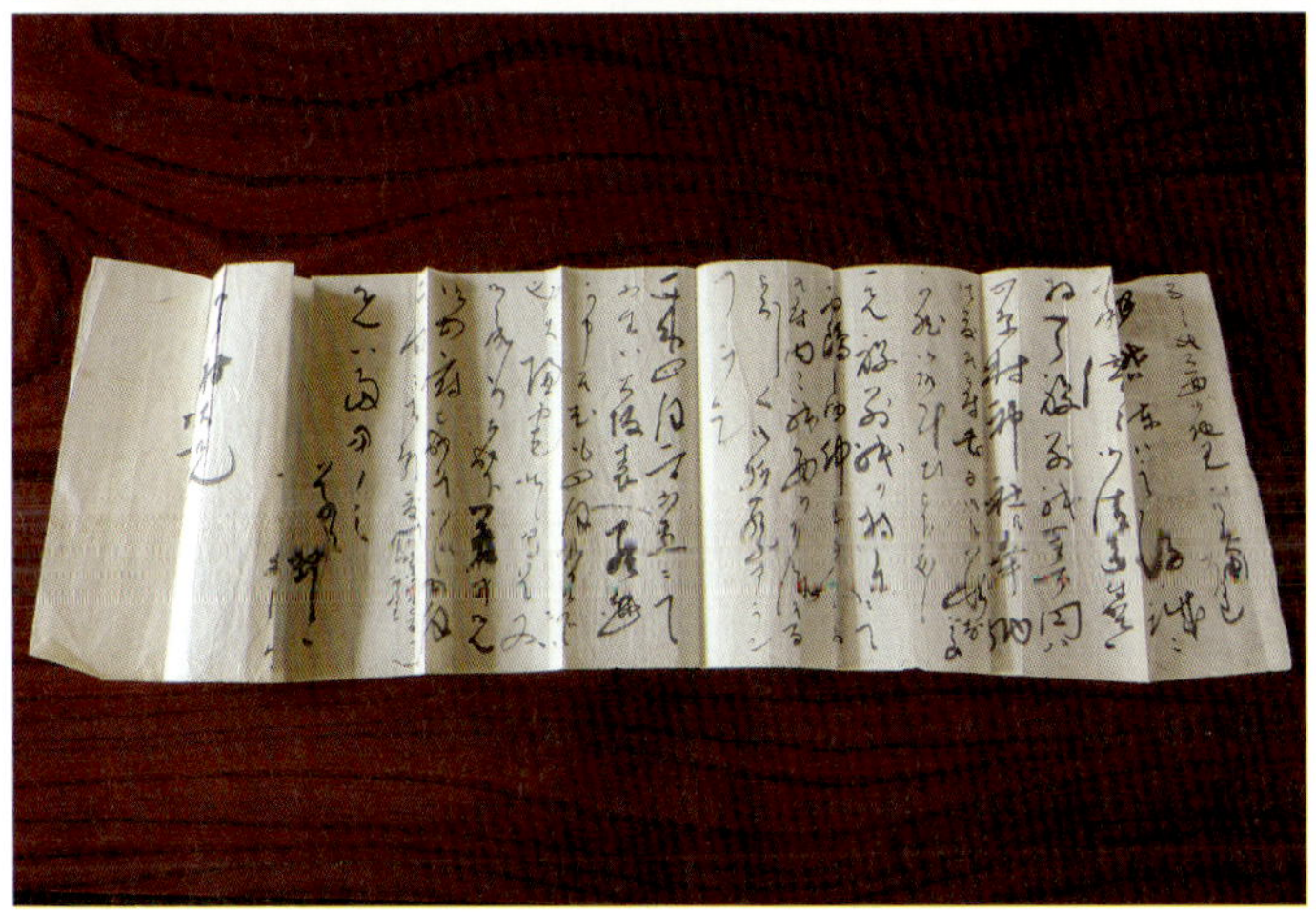

上 高森町の風景。高森町は南アルプスの駒ヶ岳が望める伊那街道沿いの町。名古屋市内から高速バスで2時間弱を要する。©日本取引所グループ

下 清之助直筆の書。生誕地の神社（出原神社）に奉納するのぼり旗の揮毫を陸奥宗光に依頼するにあたり、実兄に文面を確認する内容。©今村雄治

同郷出身で15歳年上の糸平から認められたのだ、と考えるほうが自然な感じがします。特に、平野屋破産の理由は糸平への借金ですから、糸平が棒引きにすると言えば平野屋は簡単に再興できたはずです。

ただ、そのような人間模様を想像はできても、記録で追うことはできません。あくまでもわかっていることは、清之助が糸平と同郷であること、両人共に生糸の商売を経験していて、明治6（1873）年、糸平が頭取になった横浜金穀取引所の役員に清之助が推されたということだけです。

清之助は、身振り手振りを交えてイギリス人や中国人とも話ができたと伝えられています。横浜での成功の裏には糸平の影が見え隠れしますが、もちろん清之助本人の相当な努力や才能もあったのだと思われます。清之助は横浜で「島清」と呼ばれ、すぐに、横浜屈指の両替商（洋銀相場師）として知られるようになり、両替商仲間「横浜組」[*29]の領袖（りょうしゅう）になっていったのです。なにが真実であれ、清之助が当時、誰もが認める一廉（ひとかど）の人物であったことは間違いないようです。

そして、明治7（1874）年に、清之助は横浜で糸平と組んで、フイドンとの相場合戦を演じることになるのです。その背景を少し説明しますと、当時の日本の経済状況においては大量の食料などの輸入があり、全般にドル（洋銀）が上昇し、日本の紙幣が下落する傾向だったようです。そこに、中国人洋銀ブローカー・フイドンと香港上海銀行が、突然、大量のドル売りを行いました。経済情勢を考えると、日本側としては、買い向かいたいわけですが、相手が相手だけに相場が崩れ、ドルが暴落します。にもかかわらず、糸平と清之助が俄然、買い向かい始めたのがこの相場戦でした。このような危険な相場を二人が組んで挑んでいるところを見ると、二人の関係の強さが感じられますが、それはさておき、やはり糸平と清之助は、資金力で圧倒的な相手に苦戦し、今のお金で40億円ほどの追証（おいしょう）（＊57参照）を入れなければならなくなったと言われています。糸平は横浜金穀取引所での地位を利用し、見せ金を追証として入れたことにし、一方で、ドル（洋銀）は小切手でなく現物を積むようにルールを改正してしまったので、フイドン側は敗北したと言われています。居留地のイギリス軍が金穀取引所を包囲するような大騒ぎになり、神奈川県令が仲裁に入ってようやく騒動は収束しました。その後は糸平も清之助も、もはや横浜でこのまま両替商を続けるのは、さすがに難しくなったようです。[＊30]

明治7（1874）年、26歳の清之助は東京に進出し、現在の中央区人形町に太物（綿・麻類）を扱う店を開業しつつ、どのような商売がはやっているのか、東京での情報収集に努めました。その前年、西郷隆盛が征韓論を巡る対立から明治政府を離れ鹿児島に帰郷し、多くの新政府要人が共に離職するなどの事件が続き、東京は騒然としていました。同年、秩禄公債が発行され、多くの士族がこれを手早く換金しようとしていたことは先に述べたとおりです。西郷の事件もあって、東京では多くの売り手がいたはずです。こうした状況から、秩禄公債の売買が次の時代の中核となると見据えた清之助は、同じ横浜組の土屋清太郎、藤田熊太郎、岡本善七ら15名を従え、日本橋堺町（現在の日本橋人形町3丁目）の北川儀右衛門の砂糖倉庫の一つを借りて床に畳を敷き、秩禄公債の売買取引を始めました。公債売買は砂糖倉庫の本業である砂糖業務が終わった夕方から開始されたため、蠟燭の灯の下で行われました。文字どおり、闇取引です。開始当初は現物取引のみでしたが、後に延取引を開始しました。清之助の公債取引所はよく繁盛し、瞬く間に、その噂は東京中に広まりました。前述の松下軍次は「是れ実に我国株式取引所の起元なり」と評し、わが国株式取引所の〝嚆矢(こうし)〟とまで記しています。

秩禄公債の売り手は士族、買い手は明治期の新しい資本家たちでした。士族にとっては、武士の身分を売り渡す忸怩(じくじ)たる想いがあったろうと推察しますが、困窮の原因をつくった明治政府に怒りは覚えても、換金ができるということで、当の債券の売買相手には感謝していたようです。

ただ、これを見た明治政府は心穏やかではなかったようです。明治9（1876）年には金禄公債を出していますし、九州では士族による反乱も発生し、これら公債の売買の価格が政府のあずかり知らぬところで乱高下することは、政治的にもよくないと思ったことでしょう。明治政府にはこれらの債券の売買を公設の取引所で行わせたいと考えるに充分な理由がありました。一方で清之助たちも、不安な世情もあり、政府の横やりで取引が中止させられるようなことは避けたかったでしょうし、政府の発行する公債の取引ですから、公設の取引所ができるならそこで売買したほうがよいと考えていたに違いありません。

清之助が砂糖倉庫で公債売買を開始した明治7（1874）年、明治政府は「株式取引条例」を発布し、日本での証券取引所を誕生させる準備が整ったかに見えましたが、うまくいきませんでした。第3章で詳しく説明しますが、株式取引所が誕生するのは、最初の条例発布から4年後のことでした。原因の一つは、私設とはいえ、かなり大きくなった清之助たちの「取引所」の参加者を含めて新しい取引所の制度を考えなければならない状況だったわけですが、先述した最初の条例は、清之助たちを納得させ得るものではなかったのです。清之助は人脈が広く、年長の糸平から、渋沢栄一や井上馨、三井家の人々を紹介してもらっていたと考えられますので、その中で、株式取引所の設立に関する内輪の相談も行われていたと考えてよいでしょう。清之助は、新設される株式取引所で実際に公債売買をする仲買人代表として、深く、取引所設立構想に関わっていたと考えられます。東京株式取引所創立証書には、3番目に今村清之助という直筆の署名があります。持ち株数で言えば後述する渋沢栄一と同株数で2位にあたる大株主で、事実上の筆頭株主の一人でした。[*31] 設立発起人の中に名前はなく、東京株式取引所設立時にも役員などに就任していませんが、清之助の尽力と影響力の大きさを、創立証書の署名の位置やその持ち株数の多さで物語っています。

さて、この頃の糸平ですが、横浜で洋銀取引が禁止された後、穀物や米を売買する兜町米商会所を開設し、蠣殻町の島津藩下屋敷跡に設立された米会所「中外商行会社（ちゅうがいしょうこうかいしゃ）」の発起人にもなるなど、積極的に米相場への関与を始めました。

こうして、清之助と糸平は、人形町と蠣殻町・兜町という隣同士の地域で商売をしながら、東京株式取引所設立の動きで連携したのだろうと思われます。

6　証券市場の設計者、渋沢栄一

渋沢栄一は、天保11（1840）年に、現在の埼玉県深谷市血洗島（ちあらいじま）で農業と藍染め染料を売る豪農の家に生まれました。血洗島は利根川と小山川に挟まれた地域で、JR深谷駅よりJR岡部駅のほうが近い深谷市の北部にあたります。夏の昼間に歩いてみると、赤城山を見渡す広い田畑の中に、農家が点在する美しい田園です。

ここは譜代大名の岡部藩安部家（2万石）の所領でしたが、安部氏が日光祭礼奉行を務めたり、西洋砲術の導入を行ったことから出費が嵩み、領民に対する年貢の取り立てが厳しかったようです。栄一の生家は地域でも最大級の豪農であったことから、たびたび年貢とは別に御用金と称する返済目処(めど)の立たない借入を求められ、その額は累積で2000両という巨額にのぼったと言われています。

とはいえ、栄一の生家は、豊かで教養を重んずる暮らしをしており、学問好きの父親から論語の手ほどきを受けたほか、一族で学者をしていた尾高惇忠(あつただ)について学問を修めました。栄一は、家の商売である藍玉販売を手伝いつつ、学問をすることができました。やがて学識を認められ江戸に遊学し、一橋家の用人（殿様の近くに控える側用人のこと）と知り合いにもなりました。

この頃、尊王攘夷思想を抱き、高崎城の占領や横浜での外国人襲撃を計画した栄一は、役人から追われる身となったため、一橋家用人・平岡円四郎の家中ということにしてもらいます。栄一は一橋家当主の慶喜(よしのぶ)が京都に異動した後は、一橋家において家臣として出仕していたようです。

一橋家で働くうち、やがて慶喜にその実力を認められ、昇進していきます。慶喜が徳川幕

渋沢栄一。© 渋沢記念館

府第15代将軍に就任した後、慶喜の弟である昭武に従って、フランスで2年弱の留学を経験することになります。

フランス・パリで栄一は新しい世界を見ました。

それは、生まれや家の財産に関係なく、志があれば誰でも株式を通じて資本を集め産業を興すことができる環境です。産業が多く興れば労働者が増え、社会全体の生活水準向上につながっていく……、つまり、多くの人から資本を集め多くの産業を興すことが、社会を豊かにするということを、栄一は学んだのです。

また、栄一は株式取引所を見学する機会を得ます。

「なるほど、自分が事業を興さなくとも、株式を買えばその事業に参加できるのか」

栄一は株式会社と取引所の仕組みに感嘆し、これこそが日本に必要な制度であると確信しました。栄一は株式会社を「合本制度（がっぽん）」と呼び、日本への定着導入を目指して、生涯を懸けて取り組むことになります。

合本制度とは、他人同士が資本金と労力を出し合って一つの事業を成し遂げようというもので、同族経営を目指す三井家や、独裁経営が効率的とする三菱（岩崎家）とは一線を画すものでした。この概念が、後に500社もの会社を設立する栄一の行動原理となったのです。

合本制度では、誰がどれくらいの資本金を出したかを明確にして、出資をやめる時はほかの人に株式を譲渡できる仕組み、すなわち株式公開制度が重要でした。従って、栄一が株式取引所の設立を考えることは、ごく自然な成り行きだったのでしょう。

栄一は帰国後、いったんは慶喜の在住する静岡に下向したものの、明治2（1869）年に明治政府へ出仕、民部省と大蔵省で租税改正などの仕事に携わり、ここでもめざましい働きを見せ、大蔵省三等出仕（大蔵大丞）まで昇進しました。そして、日本での合本法（以降、株式会社制度と言う）導入のために、株式取引所設立に取り組むことになります。

松本信次『株式取引所論　改訂増補』によれば、日本での最初の具体的な株式取引所設立構想は、明治6（1873）年10月、士族中村祐興ほか数名による、東京府知事への株式取引所設立の出願（京橋銀座4丁目に設立予定）によるものでした。これに対し明治政府内では、渋沢栄一（大蔵省）の推進派と玉乃世履（司法省）の意見の対立があって、条例の策定にまでいかなかったようです。この意見の対立は、堂島米会所時代を投機的であったとする玉乃が、国民を投機に巻き込むべきではないと主張し、株式取引所の設立に否定的であったからとされています。議論が進まなかったのは、当時、栄一の上司・井上馨を、玉乃の上司である司法卿・江藤新平が汚職事件で訴追することに奔走しており、そうした事情が影響したのでしょう。ただ、そもそも江藤の属する司法省は省を挙げて、ボアソナードの指導を受けてフランス民法を導入することに取り組んでいましたから、フランス式の株式の取引所制度を青写真としている大蔵省の栄一と、基本的に立場は同じであったかもしれません。

井上馨が江藤に訴追されて大蔵省を去り、同年、栄一も大久保利通との対立で大蔵省を去ることになります。井上馨と栄一が大蔵省を去った後の明治7（1874）年に、株式取引条例が布告されます。

この条例はロンドンの商品取引所規則等を参考につくられていると言われていますが、取引所を設立するには、実務的な規定が不足していました。例えば取引所の運営組織形態が定められていない、仲買人の身元保証金が500円と高すぎることなどです。また何よりも、株式市場で仲買人を務めるであろうと政府が想定した三井組、小野組、島田組のうち、小野組と島田組がこの時期に破綻してしまったことで、政府側で、株式取引所設立構想が前に進まなくなってしまったのです。[*32]

大蔵省を去った栄一は、その年、自ら設立に関与した日本で最初の株式会社である第一国立銀行（資本金244万円）の総監役（後に頭取）に就任しています。栄一が経済発展には必要条件であると考える株式会社制度の導入に大きく近づいたわけですが、さらに栄一は、株式会社制度が広く知れ渡り、数多くの魅力的な株式会社ができてこそ、わが国の産業育成が進展すると考え、株式会社設立支援事業を本格的に開始することになります。

現在、創業を支援する専門家を「インキュベーター」と言いますが、明治時代に栄一が行っていたことは、これに近いように思われます。栄一が設立支援した会社には、王子製紙、七十七銀行、日本郵船、帝国ホテル、アサヒビールなどがあります。

これらの企業が、多くの投資家からの資本を集め、株式市場で魅力的な銘柄となっていくことを、栄一は夢見たことでしょう。

ただ、明治7（1874）年の段階では、現実の問題として、上場して売買する株式会社がほとんどない状態でのスタートとなりますので、最初は公債の売買を行うことを考えていたと思われます。

公債の売買を円滑に進めるには、すでに公債売買を行っている両替商を取り込む必要がありましたが、折よく、清之助が栄一を訪問し、株式取引所の設立についての協力を求めてきたため、清之助が従える両替商集団を取り込むことができました。このようにして、この時期の栄一の考えをもとに、日本の株式取引所が形づくられていったのは間違いありません。

東京株式取引所設立構想は、明治10（1877）年12月、東京府を通じて、政府に取引所設立を出願することで、実現に向けて前進を始めます。

7　株式取引所の設置までの道のり

明治6（1873）年10月、中村祐興ほか数名が、政府に株式取引所の設立を出願したことが、わが国で最初の株式取引所設立構想となります。当時は株式取引所の設置を認める根拠法令が存在しないこと、出願者に三井組や住友組などの大手金融業者*33が含まれていないことから、この出願を認めることはできないとして不許可となりました。

ただ、このことが明治政府内の株式取引所の設置に関する議論の活性化につながりました。欧米視察の経験がある新進派の井上馨、渋沢栄一と、慎重派の玉乃世履に分かれて導入可否の議論が行われました。最終的には、最初の株式取引所設置出願から1年後の明治7（1874）年、井上と玉乃両方の言い分を取り入れる形で株式取引条例を布告しました。その内容は、栄一の主張を入れて帳合米取引に相当する定期取引は導入したものの、玉乃の主張に沿って仲買人の身元保証金を500円、証拠金率を25％とする規定を置いたため、実質、一定規模以上の金融業者でなければ仲買人として参加できない仕組みでした。帳合米取引は投機的な取引であると考える玉乃たちにすれば、これを導入する以上は参加業者を絞るつもりだったのです。例えば、後に安田財閥となる安田組は、当初は中小金融業者の一つで、規模は小さいながら、利益を得やすい公債売買等を積極的に手掛けていたようですが、この規定では参加することが難しかったようです。先述のとおり、そもそも公債売買を実際に扱っている清之助たちも、こういった方針に従うことはできませんでした。時の大蔵卿の大隈重信は仲買人の参加希望者が現れないことを不思議がっていたと伝わっていますが、栄一は大蔵省を退官してしまっていますから、そういった事情をよくわかる人が大蔵省にいなかったのかもしれません。

かくして条例は施行されたものの取引所はできず、それとは別に公債売買は行われているという状況が続いたわけですが、栄一も清之助もそれが望ましい状況だとは考えていなかったようです。

そうした折、清之助が率いる横浜組から、「これだけ公債の売買があるのだから、正式に政府の許可を受けて公債取引所を設立しようではないか」という声が起こり、清之助が栄一に明治政府へ公債取引所設立を出願したいと相談しました。

栄一にとってみれば、待ってましたとばかりの気持ちだったのではないでしょうか。栄一は、公債売買の実務をよく知る清之助と共に、東京公債取引所を設立する方策を進めることにします。この時、清之助26歳、栄一35歳。

早速、栄一は、政府が参加を望む三井組と協議を持ちます。三井組としては、公債が銀行資本金として利用できるため買い手には興味があるものの、公債売買には参加しないとの考え方でした。公債は国立銀行の発券時の兌換資産として最も需要があるから、第一国立銀行を経営している三井組と栄一が取引所を経営してしまうと、おのずと第一国立銀行が公債を買い集めているようにも思われてしまいます。銀行経営を今後の中心と考えていた三井組が公債売買への関与に否定的であった理由はそこにありました。

さらに、糸平、清之助を代表とする江戸期の両替商の流れを汲まない洋銀取引上がりの金融業者を三井組は快く思っていなかったとも言われています。横浜で大暴れして、今度は東京で公債売買に手を出すという大胆さに、儲かるためなら何の売買にも手を出す〝海千山千の強欲な連中〟ばかりだという印象を抱いていたようでした。

栄一は取引所の設立を急いでいました。というのも、明治政府は、国内での国債発行も検討しており、その実現のためにも、金禄公債の円滑な売買が必要と考えていました。

しかし、三井と並ぶ政商の三菱とは、栄一と当主・岩崎弥太郎の考え方が合わず喧嘩別れしたままでしたし、国立第一銀行創設で栄一と一体であるはずの三井組も、国立第一銀行から事実上分離独立させた三井銀行を保持するのが最優先で、株式取引所には興味を示そうとしません。

そうしたなか、小野組と島田組が資金運用で不正があったとして廃業となり、株式取引所の仲買人候補として、清之助を中心とする横浜組の重要度が高まっていました。彼らが参加できるような仕組みの検討はとても重要でした。

栄一は、どのようにすれば政府が納得しつつ、多くの仲買人が参加できる株式取引所にできるかを思案しました。株式取引所は、政府が大量に発行した金禄公債を円滑に売買させることが設置目的の一つでしたので、政府としても、栄一への期待は高まっていたことでしょう。

明治8（1875）年には井上馨が政府に復帰し、井上を通じて、糸平からのとりなしで清之助が指揮する横浜組への三井組の不快感の解消が進んだと思われますし、これによって、清之助と栄一の協力関係も機能し始めました。また、一応、在野にある栄一と政府の間の連携もうまくいくようになったとも考えられます。

こうして、栄一が検討を進め、糸平や清之助が協力した結果、明治10（1877）年12月、渋沢栄一、渋沢喜作、小室信夫、小松彰、三井養之助、三井武之助、三野村利助、木村正幹（まさもと）、福地源一郎、深川亮蔵が連名で株式取引条例を旧来の米会所の規則に近づける改正を政府に要望すると共に、同年12月26日、同人らを発起人（筆頭は渋沢喜作）とし、東京株式取引所の設立認可申請を行い、同月28日に許可を受けました。
明治政府に提出された創立証書の控えによれば、発起人や場所は、渋沢家と三井組に集中しており、政府から信用を受ける顔ぶれを揃えたことがわかります。発起人の内訳は、渋沢家2名、栄一と同様に官僚出身者2名、三井組4名、銀行家1名、ジャーナリスト1名となっており、三菱や横浜組からは誰も加わっていません。設立場所は、三井家が所有する兜町の敷地内でした

続いて、明治11（1878）年になってすぐ、東京株式取引所創立準備のための集会を開催しました。その結果、東京株式取引所の設立にあたり、株式取引条例を改正するよう政府に要望すること、栄一と清之助は共に筆頭株主にならず同じ株数を出資し影響力を同一とすること、役員にもならないことなどが決められたようです。

渋沢喜作。

それから間もなくして、栄一は大隈重信を訪ねて東京株式取引所設立の調整を行い、ロンドン証券取引所の規則を参考に、東京株式取引所の定款や申合規則[*34]を準備し、株式取引条例を廃止して新しく同年5月4日に布告された「株式取引所条例」により改めて設立免許を受けます。

8 東京株式取引所の創立と、株主リストから見えるパワーバランス

明治11（1878）年5月22日、栄一らは大蔵卿・大隈重信から株式取引所の設立免許を交付されます。わが国初の株式取引所の誕生でした。

取引所創立証書に記載された初期株主は95名、総発行株式数2000株、大株主の顔ぶれを見ると、維新の功労者（政府系）、三井系（金融業者）、渋沢系（事業家）、仲買人（横浜組）の4陣営がバランスよく配されています。まず、筆頭株主には、鍋島家家令の深川亮蔵が140株、第2位株主は持ち株同数（98株）で栄一と清之助が揃って座り、第4位株主には三井組から4名と、小室信夫（政府系）と小林吟次郎（渋沢系）の2名、糸平と岡本善七（横浜組）の2名合わせて8名が同株数の4位で各82株と続いています（表P120）。

これら持ち株数上位10位（同率で11人）までの株主を分類すると、政府系が2名222株、三井系が4名328株、渋沢系が2名180株、仲買人が3名262株となり、いずれかの陣営だけで意のままに取引所を支配することができない構造になっています。人選も興味深

東京株式取引所創立株主リスト

（明治11〈1878〉年）

番号	株数	属性	氏名	政府	投資家	三井系	渋沢系	仲買人
1	140	佐賀県士族	深川亮蔵	●				
2	98	東京府平民	渋沢栄一				●	
3	98	東京府平民	今村清之助					●
4	82	京都府平民	三井養之助			●		
5	82	京都府平民	三井武之助			●		
6	82	東京府平民	益田孝			●		
7	82	東京府平民	三野村利助			●		
8	82	高知県士族	小室信夫	●				
9	82	東京府平民	小林吟次郎				●	
10	82	神奈川県平民	田中平八					●
11	82	東京府平民	岡本善七					●
12	66	山口県士族	木村正幹			●		
13	42	長野県士族	小松彰	●				
14	42	東京府平民	福地源一郎		●			
15	42	東京府平民	渋沢喜作				●	
16	42	東京府平民	小林猶右衛門		●			
17	42	東京府平民	小野善右衛門		●			
18	40	東京府平民	安田卯之吉		●			
19	30	東京府平民	大倉喜八郎					●
20	27	東京府平民	土屋清太郎					●
21	25	山口県士族	諸葛信澄	●				
22	25	愛知県士族	中島行孝					●
23	20	東京府平民	吉川長兵衛					●
24	20	東京府平民	米倉一平					●
5	20	東京府平民	後藤庄吉郎		●			
26	20	東京府平民	辻純市					●
27	15	石川県士族	竹中邦香	●				
28	15	高知県士族	井上高格	●				
⋮	⋮	⋮	⋮	⋮	⋮	⋮	⋮	⋮
95	1	東京府平民	伊東幸三					●
計	2000			319	186	394	222	879

く、例えば小林吟次郎は実業家で渋沢派と考えられていますが、後に横浜で生糸の輸出業を行いますから、横浜組とも縁が深いと思われます。政府系の名代の名士も佐賀系、土佐系であり、薩長系列の人ではありません。糸平や井上がどんな顔でこういった人選をしていたのか窺い知れます。

その他の株主には、大勢の仲買人に加え、大倉財閥を成しホテルオークラにその名を残す大倉喜八郎、安田善次郎の娘婿で、現在の明治安田生命の前身である共済生命保険の初代社長であった安田卯之吉（後に安田善四郎）の名が挙がっています。

横浜時代から清之助の保護者のような存在だった糸平は、清之助より少ない82株ですが、95名の株主名簿リストを確認すると、糸平の子供である洋之助、平三郎、菊次郎が10株ずつ、実家の親族である藤島卯吉も10株保有していることがわかります。糸平自身の82株と合わせると、糸平一族で１２２株となり、栄一と清之助を上回る株式を保有している計算になるのです。また、糸平が初代頭取を務め、後に東京株式取引所に上場する東京米商会所の上位株主10名のうち６名が、この時の東京株式取引所の株主と重なります。糸平の人脈と影響力がいかに株式取引所の設立において大きかったかを、この株主リストは暗に物語っているとも言えます。

東京株式取引所創立證書

東京株式取引所創立證書に記載された渋沢栄一、今村清之助、田中平八らの直筆署名。©日本取引所グループ

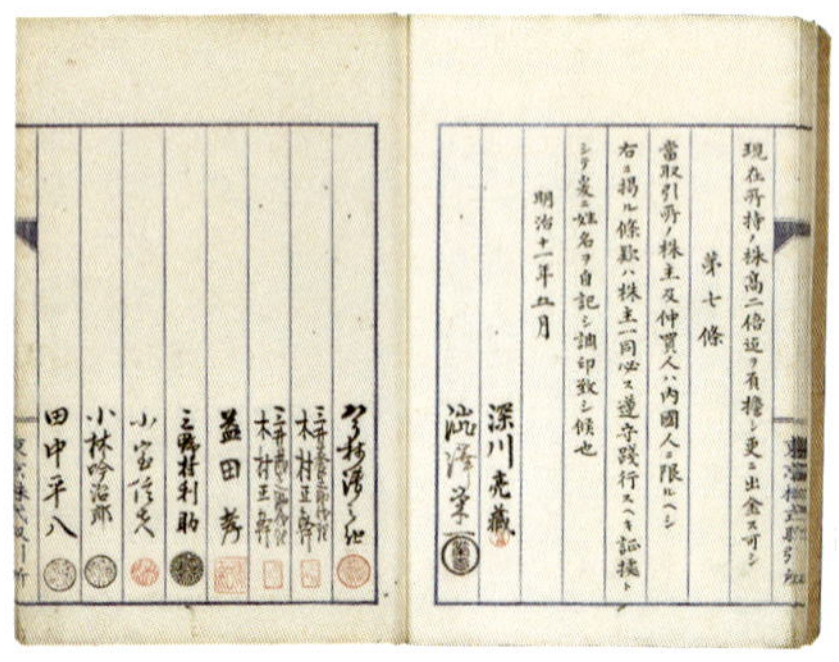

現在所持ノ株高二倍迄ヲ有擔シ更ニ出金スヘシ

第七條

當取引所ノ株主及仲買人ハ内國人ニ限ルヘシ

右ニ掲ル條款ハ株主一同必ス遵守践行スヘキ證據トシテ爰ニ姓名ヲ自記シ調印致シ候也

明治十一年五月

深川亮藏

澁澤榮一

三野村利助

益田孝

小室信夫

小林吟次郎

田中平八

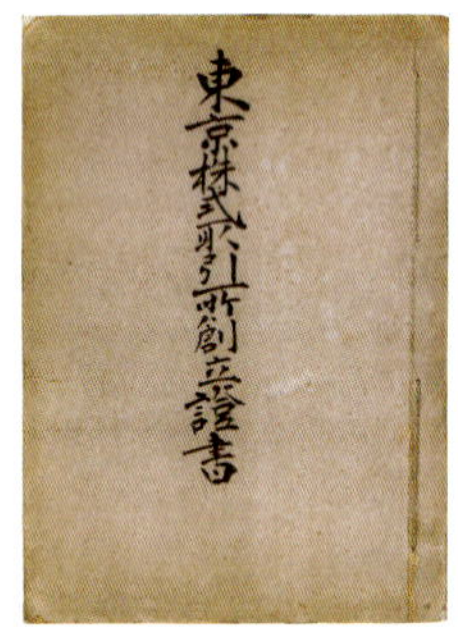

東京株式取引所創立證書

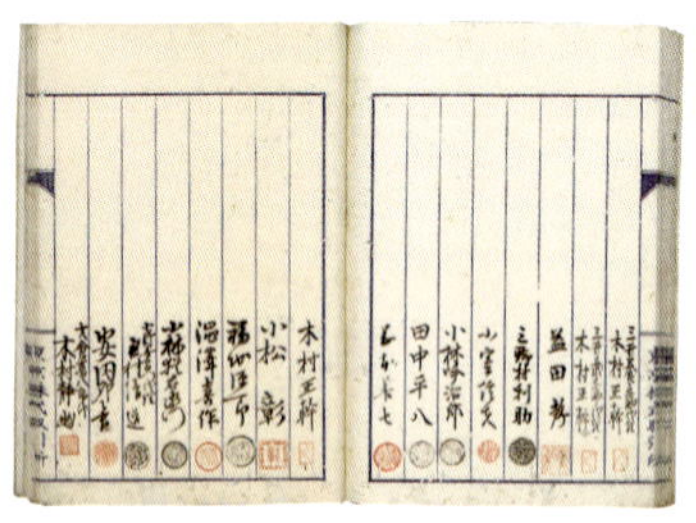

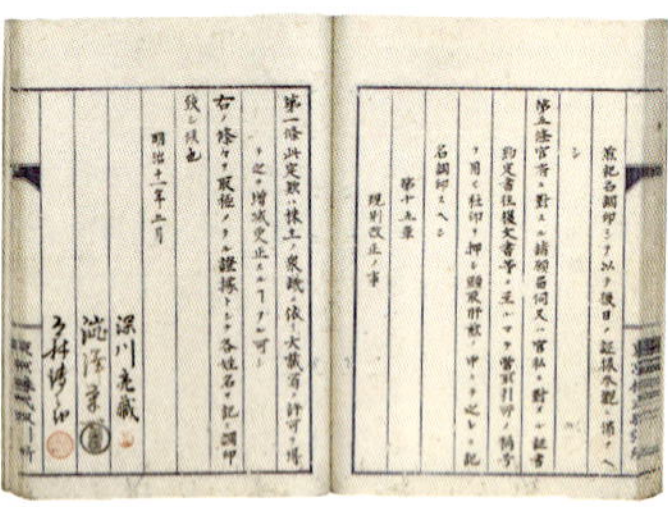

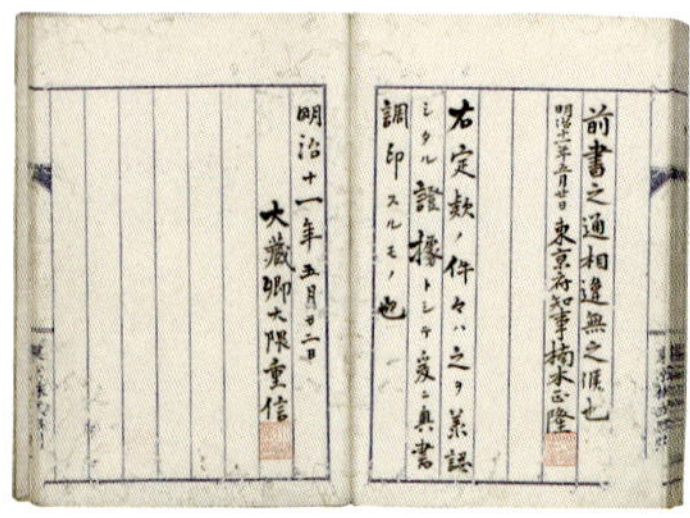

前書之通相違無之候也

明治十一年五月廿日 東京府知事楠本正隆

右定款ノ件々ハ之ヲ采認シタル證據トシテ爰ニ奥書調印スルモノ也

明治十一年五月廿二日

大藏卿大隈重信

東京株式取引所定款

こちらにも東京株式取引所創立證書に記載された人々の直筆署名が並ぶほか、当時の大蔵卿・大隈重信が定款を認めた署名も入っている。©日本取引所グループ

9　東京株式取引所の開業

東京株式取引所の初代頭取には、元文部省の官僚であり創立株主でもある小松彰が就きました。小松は明治期に何度か頭取を務めたほか、清之助と共に両毛鉄道の発起人になるなど、取引所設立人脈と関係の深い実業家生活を送ることになります。役員に就任したのは、元官僚3名、有識者1名、渋沢家1名で、三井組は取引所の経営には関与しませんでした。結局、

初代頭取（社長）の小松彰。長野県松本市出身。政府で官僚として働いた後、東京株式取引所の設立に参じ、初代頭取に就いた。©日本取引所グループ

公の取引所とは言っても、主な仲買人が江戸期以来の伝統を持たない小規模で投機的な金融業者ばかりでは信用できないとして、三井家として取引所へ関与することを最小限にしたのです。これは栄一も同じでした。「私は主義として、絶対に投機並びにこれに類似するものには一切手を染めぬ決心な

ので、設立後にはすべて関係を絶ち、株主たることさえもこれを避けた」と、栄一は後に語っています。

東京株式取引所開業後、栄一は、自らの取引所株式を漸次処分し、役員になることもありませんでした。要するに、江戸期から両替商としてやってきて、明治期に政商となって生き残った大手の金融業者たちは銀行業に経営資源を向け、取引所での仲買人業、つまり後の証券会社になる道は選ばなかったということです。

明治11（1878）年6月1日、取引所の門が開かれ、陸軍軍楽隊が演奏するなか、内務卿・伊藤博文、大蔵卿・大隈重信、東京府知事・楠木正隆らが取引所に入っていきました。午後2時半、仲買人76名が立会いを開始します。開業時の上場証券は、旧公債、新公債および秩禄公債の3種で、事実上、〝公債売買所〟としてスタートが切られたのでした。

開業時には、第一国立銀行が所有していた兜町6番地の家屋を購入して取引を行っていたのですが、すぐに手狭になってしまいます。そこで明治16（1884）年9月、兜町米商会所が合併して蠣殻町に移転した後に空家となっていた建物（兜町4番地）に移ります。

取引の仕法（売買注文について約定値段を決定する方法）は、堂島米取引所の仕法である帳合米取引同様の長期清算取引でした。清算取引とは個別株式の先物取引で、売買期間1ヵ月、2ヵ月、3ヵ月の3種類の取引が可能でした。この取引の特徴は、株式の受け渡しを希望しなければ、売買期間中に反対売買（買戻しあるいは売戻し）をして差金決済ができる点です。つまり、株式取得を目的としない取引が簡単にできたのです。

糸平、清之助らにとっては、米取引同様の手法が使える差金取引が可能となったわけです。

「米が株式ってのに替わっただけだ」

そういった声も聞かれたそうです。東京株式取引所では、設立時から日本証券取引所設立時まで、定期取引が売買高の63～１００％までを占めていましたし、定期取引のうち実際に株式の移転があったのは年間平均で10・７％が最大で、約90％が株式の受け渡しがない取引だったのです。一方、栄一が見たフランスでは、長期運用資金を鉄道事業などに投資できる機関投資家が存在しており、主に株式移転を目的とする取引が行われていましたから、同じ株式取引所でも、日本とフランスでは中身が相当異なっていました。日本の株式市場において、長期資金を運用する投資家による実物取引が中心となるのは、戦後になってからです。

10　3人のその後

東京株式取引所開業後、この物語の中で株式取引所創立の中心であった3人は、どうなったのでしょうか。

糸平は明治16（1883）年、兜町米商会所と東京蠣殻町米商会所が合併した東京米商会所の初代頭取になり、この東京米商会所を上場させるのですが、なんとこの株式の買い占めを仕掛けたと言われています。真偽はわかりませんが、糸平は、この買い占めに昔からの仲間の清之助らを誘っていたにもかかわらず、密かに、上値を追う清之助たちに対して自分の株を売り抜けていたと言われています。

その翌年の明治17（1884）年、東京株式取引所設立から6年後に、糸平は結核でこの世を去ります。結核に罹患（りかん）したので、療養のため熱海に転居するのですが、糸平は私財を投じて熱海に簡易水道を設置しています。享年51歳。葬儀には伊藤博文、井上馨、陸奥宗光、渋沢栄一らが参列しました。栄一は、糸平を古川市兵衛、三野村利助と共に「財界における

「天下之糸平石碑」。墨田区の木母寺に建つ。裏面には石碑建立に寄与した人物の名前が彫られており、そこには栄一、喜作などの経済人に加え、呼びかけ人として「富貴楼」の名がある。揮毫は伊藤博文によるもの。©日本取引所グループ

三傑」と評し、「いずれも無学でありながら、これほど非凡の才能を備えた人を見たことがない」と言っています。

明治24（1891）年、糸平の生涯を称えて、東京都墨田区にある木母寺に高さ5メートル横幅3メートルの石碑が建立され、伊藤博文の揮毫により、「天下之糸平」と刻まれました。

清之助は、明治17（1884）年、36歳の時に自費で米国・欧州視察を行っています。この際、陸奥宗光と同行し、親睦を深めたとされています。米国では、ニューヨーク証券取引所とマーカンタイル取引所を、日本人として最初に見学しています。また、鉄道王ヴァンダービルドから鉄道敷設が産業に与える影響を学び、帰国後、井上伯爵の「儲けるより世に尽くしなさ

泉岳寺で行われた清之助の葬儀。西洋化の影響が少ない明治時代の葬儀では、神道に基づき白装束を着用し、お祭りのような行列を組んだ。上写真の右手には東京株式取引所からの花輪と思われるものが見える。©今村雄治

い」と言う助言もあって、米国視察の経験を生かして、日本で数々の鉄道敷設に関与しています。両毛鉄道、九州鉄道、関西鉄道などの役員となり、日本の鉄道王の一人と言われました。明治35（1902）年、清之助は胃がんのため54歳で死去。現在は東京・谷中霊園にある汽車の形をした墓に眠っています。

栄一は、東京株式取引所創立後も、多くの企業の起業に関与していきます。その中には、王子製紙（現・王子ホールディングス、日本製紙）、東洋紡績（現・東洋紡）、東京海上保険（現・東京海上日動火災保険）、帝国ホテルなど、現在の日本を代表する数多くの会社が含まれています。また、社会事業にも熱心で、社会の底辺の者を救うことは近代資本主義制度下における産業人の義務だと考え、自己資金で、経済困窮者の救済を目的とした養育院（現・東京都健康長寿医療センター）を開設し、生涯、金銭支援を続けました。教育にも尽力し、商法講習所（現・一橋大学）をはじめ、日本女子大学などの学校設立に関係しました。こうした社会的貢献の功績を称え、明治33（1900）年には男爵を授与され、大正9（1920）年には子爵となりました。栄一がこの世を去るのは昭和6（1931）年、92年の生涯を合本主義の実現に捧げ、〝日本資本主義の父〟と言われることになります。正二位勲一等子爵。雅号は青淵（せいえん）。

上　谷中霊園の清之助の墓。もとは大きな墓であったが、谷中霊園内の区画整理に伴って小型化した。鉄道王らしく、石の汽車が置かれている。©今村雄治

下左　栄一は、福祉、医療、教育といった社会貢献活動を幅広く実践した。写真は、困窮者の救済を目的に設置された養育院(現在の板橋区の東京都健康長寿医療センター)にある栄一像。©日本取引所グループ

下右　陸奥宗光は、神奈川県令を務めていた際に、横浜で活躍していた糸平と清之助と昵懇となり、それ以降も付き合いを続ける。清之助らと米州・欧州を巡った。後に外務大臣となり、伯爵に叙された。©国立国会図書館

11　五代友厚――ボッケモン人生をまっとうした男――

時は前後しますが、明治初期、大阪証券取引所の前身である大阪株式取引所の設立に尽力、大阪商法会議所（現・大阪商工会議所）の初代会頭に就任するなど、当時勢いを失いかけていた商都大阪の活性化に大きく貢献したのが五代友厚（才助）でした。

佐江衆一は小説『五代友厚　士魂商才』で、その波乱万丈の人生を精緻な筆致で描き切っているのですが、実は佐江の夫人の母親・五代千賀は友厚の孫にあたります。千賀の語りによると、友厚の地元薩摩での評価は一貫して「ボッケモン（愛すべき冒険者、大胆者）」だったそうです。

友厚（才助）は天保6（1835）年、薩摩国鹿児島郡城ヶ谷（現・鹿児島市長田町）の五代家の次男として生まれました。父の秀堯は著名な漢学者で、兄の徳夫も漢学者の道を歩みます。

薩摩藩の同世代には西郷隆盛や大久保利通がいましたが、二人が下級武士であったのに対して才助は上級武士の身分でした。才助（幼名は徳助）が海外に思いを馳せたのは14歳の時、後に藩主となる島津斉彬侯が入手したドイツ製の世界地図（1823年版）を父・秀堯が模写して、献上したことが嚆矢となります。

すでにローマ字を習得していた才助は、極東に位置する日本の狭小さを実感すると同時に、大英帝国の版図の巨大さに恐懼しました。才助は模写した世界全図と地図帳に描かれていた半球地図を手掛かりに、自家製の地球儀までつくってしまいます。その才能に感服した斉彬侯が命名したのが「才助」の名でした。

面白いことに、才助が早くから開明思想に染まっていたのに対し、父・秀堯は保守にも開明にも肩入れしない中間派、兄の徳夫は頑迷・保守的な鎖国論者であったと言います。

安政元（1854）年、ペリーが浦賀沖に来航、諸外国は次々と通商条約の調印を迫ってきている、そんな時代が訪れていました。

才助は藩主となった島津斉彬の命で長崎に開所した海軍伝習所第一期生として派遣され、オランダ士官から航海術を学びます。同伝習所が縁となり、勝海舟との親交が始まります。また、大浦居留地に店を構えるグラバー商会に出入りするようになった才助は自らの開明思想をさらに深めていきました。

文久2（1862）年、薩摩藩から蒸気船と武器の購入という密命をおびた才助は、水夫の身分で幕府艦千歳丸に乗船し、上海に渡航します。その航海中、高杉晋作と邂逅、上海で行動を共にしています。

才助は首尾よく蒸気船を安値で購入します。しかもその蒸気船は新式の内部スクリュー船でした。それ以前の蒸気船はペリー艦隊しかり、すべて外輪船だったのです。

上海ではアヘン戦争に敗れた清国の人民がひどい扱いを受けている光景を目の当たりにし、仮にイギリスと闘って敗れるなら日本人もあのような目に遭わされるのか、と才助のなかでイギリスに対する脅威は高まっていきました。

才助に唐突に災厄が降りかかってきたのは同年9月のことでした。島津久光候の行列に乱入した騎馬のイギリス人たちを供回りの藩士たちが殺傷した「生麦事件」が起きたのです。尊王攘夷運動が高揚するなか、同事件は「薩英戦争」にまで発展します。

敵の破壊力を嫌というほど知っていた才助は、松木弘安（寺島宗則）と共に自らイギリス海軍の捕虜となりますが、二人はイギリス提督クーパーのはからいにより、横浜沖でイギリス艦からの脱出に成功します。

その後、「戦わずして敵の捕虜となるとは薩摩武士の風上にもおけぬ臆病者」と地元から誹られた二人は逃亡の日々を強いられました。ようやく帰国を許されたのは1年半後のことでした。

五代友厚。大阪株式取引所の創始者。大阪商法会議所（現・大阪商工会議所）を設立するなど、大阪の経済発展に心血を注いだ。（左）©朝日新聞社/amanaimages、（右）©大阪商工会議所

緊迫した情勢下にもかかわらず、才助は「開国の海外貿易による富国強兵策こそが日本の進むべき道。それを学ぶために渡欧視察団と留学生派遣が必要」とする上申書を薩摩藩に提出します。藩主の賛成を得、プロジェクトは実施されることに。事実上の使節団長は才助。当然ながら、日本は鎖国中であり、まさにボッケモンの面目躍如といったところでしょうか。

慶応元（１８６５）年、イギリスに着いた才助は使節団を引率するかたわら、藩のための紡績機械や武器を購入しました。またベルギーでは薩摩ベルギー合弁商社設立の仮契約に漕ぎつけたり、パリ万国博への出品委託を行うなど精力的に動き回りました。

12　大阪の経済発展を担う五代の活躍

江戸城が無血開城し、新時代が幕を開けました。多彩な経験と広い見聞と並外れた度胸を備え持つ才助を明治新政府が遊ばせておくわけがありません。

外国事務掛（外国事務局判事）に登用された才助は、大阪・堺で起きたフランス水兵に対する土佐藩の発砲事件、イギリス公使パークス襲撃事件などの外交処理に手腕を発揮します。大阪港の開港、大阪造幣寮（造幣局）の建設に奔走したのも五代でした。ちなみに造幣機はグラバー商会を通して香港から輸入されたものでした。初代大阪税関長にも就任し、大阪との深い関わりが生まれた才助のもとに大阪の商人たちが慕ってきたのも、成り行きとして当然だったのでしょう。東京が首都と決まり、大阪の地盤沈下が避けられぬ状況のなか、才助は大阪商人にこう語っています。

「東京が首都となっても、太閤（たいこう）はん以来、商人で栄えてきたこの大坂を、おはんらの手で新しい商都に発展させてたもンせ。それには貨幣制度を世界に通用するものに変え、新しい貿

易商社をこの大坂につくり、鉱山、工業も起こさねばなりもはん」（佐江衆一『五代友厚士魂商才』より）

当時の才助の口癖は「大坂を日本のマンチェスターにするぜよ」でした。

そんな折、才助は東京行政府から会計官権判事として横浜への転勤を命じられます。これを受けて、住友の総支配人・広瀬宰平、鴻池善右衛門、藤田伝三郎はじめ大阪商人600名からの、才助留任の嘆願書が出されました。

明治2（1869）年、才助は退官し、大阪に戻ってきました。実業界に転じたのを機に、才助は「友厚」に改名します。実は、後に明治実業界の東西の両雄として「東の渋沢、西の五代」と並び称される渋沢よりも4年も早い下野でした。

友厚はまず貨幣の地金を製造する金銀分析所を創設しました。ここで各藩から小判などを買い入れ、地金を鋳直したのです。江戸時代末期、財政難に喘ぐ幕府が貨幣の質を落としたため外国からの苦情が絶えなかったことが、友厚の頭からずっと離れなかったからでした。量目の正確な良貨でなければ、貿易の発展の支障になりかねません。

明治4（1871）年以降の友厚の事業拡大には目を瞠らされます。富国策の一環として鉱業を掲げていた友厚は、金銀分析所で得た資金を元手に鉱山業の近代化に乗り出しました。奈良の天和銅山の採掘権入手を皮切りに鉱山経営会社「弘成館」を設立、岡山の和気銅山、福島の半田銅山、栃尾銅山などを次々と傘下に収め、瞬く間に日本の鉱山王に上り詰めたのです。

友厚は貿易、運輸、電信、印刷、紡績、製塩、製藍など多彩な事業を興しました。大阪商業講習所（現・大阪市立大学）を設立し、関西貿易社、阪堺鉄道（現・南海電気鉄道）、神戸桟橋の事業化にも参画、大阪経済の衰退を食い止める立役者となりました。

新政府からインフレの元凶とされ、明治2（1869）年に閉鎖となった堂島米会所は、大物米穀商の磯野小右衛門らの働きかけで、明治4（1871）年に再開を果たしました。さらに明治9（1876）年、「米商会所条例」が施行されると磯野らは株式会社組織の「大阪堂島米商会所」を設立するのですが、この後ろ盾となったのが友厚でした。同所の運営には、欧州の自由経済主義・競争原理が導入され、後の「株式取引所条例」の下敷きとなります。

この「株式取引所条例」の成立を受けて、自ら大阪証券取引所の前身である大阪株式取引所の発起人となり、明治11（1878）年6月17日、大阪株式取引所が設立されました。さらに、商習慣が乱れていた大阪の商秩序を正常化に導こうと、友厚は大阪商法会議所（現・大阪商工会議所）を設立し、その初代会頭にも就任しています。

わが国経済界における大阪の地位を著しく向上させた、稀代のボッケモンの人生は長くは

上 木明治時代の大阪株式取引所。現在と同じ地に建っていた。©日本取引所グループ
下 大阪株式取引所の初代頭取中山信彬(右端)。一緒に写っているのは、中山と同じ佐賀藩士。副島種臣、大隈重信も見える。©日本取引所グループ

第弐號
開業免状
大阪株式取引所
右差出シタル創立證書ニ據リ此取
引所ハ明治十一年五月四日太政官
第八號公布株式取引所條例ノ旨趣
ヲ遵奉履行スヘキノ旨明ナルニ付今此
開業免状ヲ下付シ自今其業ヲ営ムコト
ヲ許可スルモノ也
明治十一年七月十九日 大蔵卿大隈重信

左 大阪取引所の正面玄関に建つ五代の像。五代の故郷、鹿児島で制作された。記念撮影に訪れる人が絶えない人気スポットになっている。©日本取引所グループ

右 大阪株式取引所の開業免状。大隈重信の名が見える。©日本取引所グループ

ありませんでした。明治18（1885）年に他界、享年49歳。大阪取引所前に聳（そび）える7・6メートルの五代友厚の銅像は、今日も商都・大阪を見守っています。

東京株式取引所の創設時点では上場できる株式会社が少なく、創設初年度に上場していた株式は第一国立銀行、兜町米商会所、蠣殻町米商会所および東京株式取引所の4銘柄のみ。これでは株式が売買の中心になるはずもなく、金禄公債・秩禄公債の公債売買所として機能していました。

13　金禄公債から鉄道、資本金分割払込制度

取引所設置目的の一つに、金禄公債・秩禄公債の取引を円滑に行わせることがありますが、公債の売り手は士族で、主な買い手は割安な公債を券面価格で資本金に充当したい銀行でした。売買の相手がほぼ決まっていたので、価格を維持したい明治政府は、買い手となる銀行を増やす必要がありました。そこで、金禄公債の発行に先だって、国立銀行の設立要件を緩和し、払込資本金に占める国債の最大比率を6割から8割に高めました。この結果、東京株式取引所が創設された翌年の明治12（1879）年末には全国に153の国立銀行が設立され、払込資本金3373万円のうち8割が公債で代用されました。『日本銀行百年史』では「金

禄公債交付額全体の27％が国立銀行の設立に利用された」と評しました。

つまり、秩禄公債・金禄公債が、取引所を通じて、士族から国立銀行の手に渡り、資本金として封印されることで、公債の価格下落に歯止めをかけようとしたのです。明治政府は、明治12（1879）年12月まで、金禄公債のうち7％の利回りがついたもの[*35]を82円で買上げる価格維持策も発動していましたが、買上げ策が終了すると、額面の60・7％まで下落し、保有士族の財産は大きく毀損（きそん）することになりました。

公債売買の進展で銀行設立が進むと、銀行から融資を受けて誕生した企業が増えてきました。とりわけ、明治政府が富国強兵を推し進めるため、輸出を奨励された生糸関連ビジネスや、インフラ整備に不可欠なセメント、鉄鋼産業などが勃興しました。そして、明治20（1887）年頃の日本列島を席巻したのが、〝鉄道ブーム〟でした。

〝鉄道ブーム〟の火付け役となったのは、日本鉄道会社でした。日本鉄道会社は、明治14（1881）年に、岩倉具視（いわくらともみ）ら秩禄公債の大量保有華族が、より有利な資金運用先を求めて出資して設立された鉄道会社でした。当初は、東京から青森に至る路線、東京から中山道経由で京都に至る路線、中山道から分かれて新潟から秋田に至る路線、門司から長崎に至る路線の4路線が計画されました。

計画に基づき、明治15（1882）年に川口―熊谷間で建設着工、翌年に上野駅と熊谷駅間で開業。最初の開業路線は、現在の高崎線であり、停車駅は上野、王子、浦和、上尾、鴻巣、熊谷でした（現時点、王子駅には高崎線は停車しない）。

鉄道事業が有望視されたのは、フランス滞在中の渋沢栄一が、「勧められるままに鉄道債を購入したところ、利子の他に５００円儲かった」（渋沢栄一『雨夜譚（あまよがたり）』）という経験をしているほか、明治５（１８７２）年に、新橋駅と横浜駅間で開業した官営鉄道が大幅な利益を計上したからでした。

日本の華族の間にも、鉄道株投資ブームが起こりました。日本鉄道会社の初年度利益が建設費の１割以上にのぼったことから、秩禄公債の運用先に悩んでいた華族の背中を押したのです。

この成功を受けて、明治25（１８９２）年までに、阪堺鉄道、伊予鉄道、両毛鉄道、水戸鉄道、大阪鉄道、山陽鉄道、讃岐鉄道、関西鉄道など14社が設立され、いずれも東京株式取引所に上場されて人気銘柄となったことから、鉄道会社の株式が取引所の商いの中心となります。

こうした起業ブームの背景の一つには、戦前の資本金分割払込制度と高い配当性向の存在があると考えられています。日本の商法が施行されるのは明治23（１８９０）年で、それまでの株式会社は、会社の種類ごとに制定される条例に定められた方法で設立されており、国立銀行条例（明治５〈１８７２〉年）、株式取引所条例（明治11〈１８７８〉年）、私設鉄道条例（明治20〈１８８７〉年）などに会社設立の条項が盛り込まれていました。[*36]

東京株式取引所の場合、株式取引所条例に基づき、上場したい会社は、開業の前日までに資本金の３分の２を会社に払込めばよく、残額は、業務開始後に頭取の報知により払込みが行われることとなっていました。

報知はいつ行ってもよく、短期間に機動的な資金調達ができるメリットがありましたが、実際には、①少ない資本金払込みで会社設立→②業務開始→③収益確保→④高い配当金支払い→⑤追加払込みという順番で行われ、支払った配当金を資本金として回収することで、資本金を積み上げていくことが通例でした。[*37]

特に、鉄道会社の場合、鉄路敷設のため資本金額が大きくなることから、特例法によって設立時の資本金払込みを総払込額の10分の１でよいとされました。[*38] また、日本鉄道や官営鉄道で株主が大きな収益を手にできた実績もあったため、鉄道会社が次々に創業される状況となったのです。[*39]

明治期の〝鉄道ブーム〟は、明治39（１９０６）年に鉄道国有化法が施行され、取引所で売買されていた私営鉄道の多くが明治政府によって買収されたため、急激に収束しました。

そして証券界は、新しいスターを探すことになります。

14　東京株式取引所株が人気株に。株式ブーム到来！

『東京株式取引所五十年史』によれば、〝鉄道ブーム〟が終わる明治39（1906）年頃、東京株式取引所の売買高に占める鉄道株の割合は67・5％（明治35〈1902〉年）となっていて、鉄道国有化により株式市場から撤退となるにあたり、市場関係者の多くが次の主力銘柄を探していました。

明治期の終わりは、紡績産業の業績が良く、特に鐘紡（カネボウ）は将来性を見込まれ、投資の対象となりました。しかし、鐘紡をはるかに上回る人気を集めたのは、東京株式取引所の株式でした。もとより、取引所の収益は売買高に左右されるため価格変動が激しく、投資妙味があることに加え、株式売買高が増えるにつれて収益力が向上したことから配当金も高く、多くの投資家から投資先に選択されることになりました。

〝鉄道ブーム〟が終わった翌年の明治40（1907）年から大正4（1915）年の東京株式取引所株の売買高は市場全体の23・6％に達し、最大の売買高を持つ銘柄になりました。

この後、東京株式取引所の株式は、戦前を通じて指標銘柄となり、市場の中心的地位を維持しました。

15　米取引の手法で株式売買

東京株式取引所での上場物件、売買の方法は、明治政府により発布された株式取引所条例（明治11〈1878〉年）と明治政府の認可を受けた「定款」、「申合規則」に規定されています。

まず、株式取引所条例第30条に「政府ニ於テ売買ヲ許シタル諸公債証書及ビ政府ノ条例ヲ遵奉シテ発行シタル銀行並ビニ諸会社ノ株券等ノ売買ヲ除クノ外、此取引所ニ於テ一切他ノ物件ヲ売買シ他ノ事業を営ムヘカラス」と記載されており、売買ができるのは公債証書、銀行およびその他一般会社に限定されています。そして、第34条に、「取引所ハ其取引所ニ於テ株式等ノ売買ヲ認許シタル銀行並諸会社及ビ新立会社ノ株式ヲ売買スルコトノ依頼ヲ受クルト雖トモ其事情ニヨリ之ヲ停止シ又ハ之ヲ許否スルノ権ヲ有ス」とありますので、発行会社が取引所に上場を申請することで、上場できることがわかります。この仕組みを「申請主義」と言い、現在の東京証券取引所と同じ方式です。

明治23（1890）年に商法が施行される前は、会社設立は明治政府の個別認可が必要でしたので、政府による審査があることから、上場審査基準を設けていませんでした。

商法制定以降は、取引所の内規で①資本金20万円以上、②払込金10万円以上、株数4000株以上という要件を定めていました。[*40] これらの金額が、当時の会社の規模に照らしてどの程度に相当するかは定かではないですが、明治時代から、資本金要件や上場株式数要件が存在していたことは、確かなようです。

上場会社数は、設立年の明治11（1878）年の4社から始まり、商法が制定される明治23（1890）年に58社となり、大正元（1912）年に174社まで拡大します。

続いて、売買制度を見てみましょう。

東京株式取引所での株式売買は、主に「定期取引」という個別株先物取引が行われていました。申合規則第4条によれば、定期取引の売買期間は3ヵ月間で、その期間内に売買を行っても、すぐに株券の決済を行う必要はなく、決済日にあたる仕切日（月末）に買建玉（かいたてぎょく）を保有する仲買人が、売建玉（うりたてぎょく）を保有する仲買人から株券を受領して買付代金を支払います。従って、手元に株券や買付代金がなくても売買できる仕組みです。

上 明治30年代の東京株式取引所。株式売買の増加に伴い立会場の拡張を繰り返したため、この建物で創業以来3回目の移転。東京帝国大学を卒業した佐立七次郎による設計。©日本取引所グループ

下 明治末期の定期取引場。©日本取引所グループ

設立当初の株式売買は、毎月5日、20日の2日間だけで、開業翌年の明治12（1879）年からは毎週水曜日と土曜日に増えました。売買が行われる日は、取引所の用務員が拍子木を叩きながら兜町内を一周して売買開始を告げ、一回りした後、チョンチョンチョンと拍子木を三度打ち、これを合図に売買が開始されました。取引の時間は午前と午後の2回で、それぞれ長さ2寸程度のシュロ縄に火をつけて、それが消えるまでとなっていました。

取引手法は、兜町にあった米商会所で採用されていた、いわゆる「つかみ合い」で、希望条件が合致する売り手と買い手同士が個別に約定する方法です。この方法は、約定値段の一致をみるまでに時間を要することと、取引参加者増加への対応が困難であることから、明治26（1893）年頃、大阪株式取引所で、現在の板寄せと同じ「付合せ」という手法に変更され、また、約定成立を知らしめるため、売買開始時の合図にも使われていた拍子木（柝（たく））を打ち鳴らす方法を採用しました。これを「撃柝売買（げきたく）」と言います。

撃柝売買は、大阪株式取引所を視察した東京株式取引所の石川渉（いしかわわたる）（後に理事）により東京にもたらされ、東京株式取引所でも、明治33（1900）年頃から、日本郵船株式と東京株式取引所株式の2銘柄について撃柝売買を開始、残る銘柄は板寄せによる売買としました。

このように、明治・大正期の東京株式取引所では、「上場株式を個別株先物の方法で売買する」という、現在では行われていない取引方法を採用しています。これは、米取引の手法をもとに株式取引を行っていたからです。戦後は、GHQに「上場株式を個別株先物の方法で売買する」方法が投機的であると禁止され、現在のように売買後3日目に決済するようになりました。

16 明治期の取引と「シマ」の風俗

東京証券取引所所蔵の「東京株式取引所沿革図解巻軸」（昭和9〈1934〉年）には、明治期の東京株式取引所での取引風景が収録されています。絵巻によれば、立会場は畳で緋毛氈（ひもうせん）が敷いてあります。仲買人は草履を脱いで緋毛氈の上にあがり、座ったまま売買対象の公債について声を張り上げて価格を競い、入札していました。株式取引所と言えば、立って値段を競っているイメージが強いかもしれませんが、当初は畳の上に座って売買していたようです。

明治時代の証券界は、どのような雰囲気だったのでしょうか。明治時代の証券業者（株式仲買人）はすべて個人商店で、取引所からの取引資格も個人付与制でした。株式仲買人の出

東京証券取引所内の証券史料ホール

上　旧東証本館（昭和3～57〈1928～1982〉年まで使用）の正面入口扉を保存移築したもの。高さ4メートルを超える大きな扉で存在感に圧倒される。（撮影・中島伸浩）

下　明治初期の江戸橋から南側を描いた錦絵。左河岸が小網町で水運会社の倉庫が建ち並び、船から直接倉庫に荷揚げされている様子が見える。右河岸は兜町で望楼に旗を立てているのは第一国立銀行本店。東京株式取引所は、第一国立銀行のすぐ左隣にあったと思われるが、この錦絵では確認できない。©日本取引所グループ（撮影・中島伸浩）

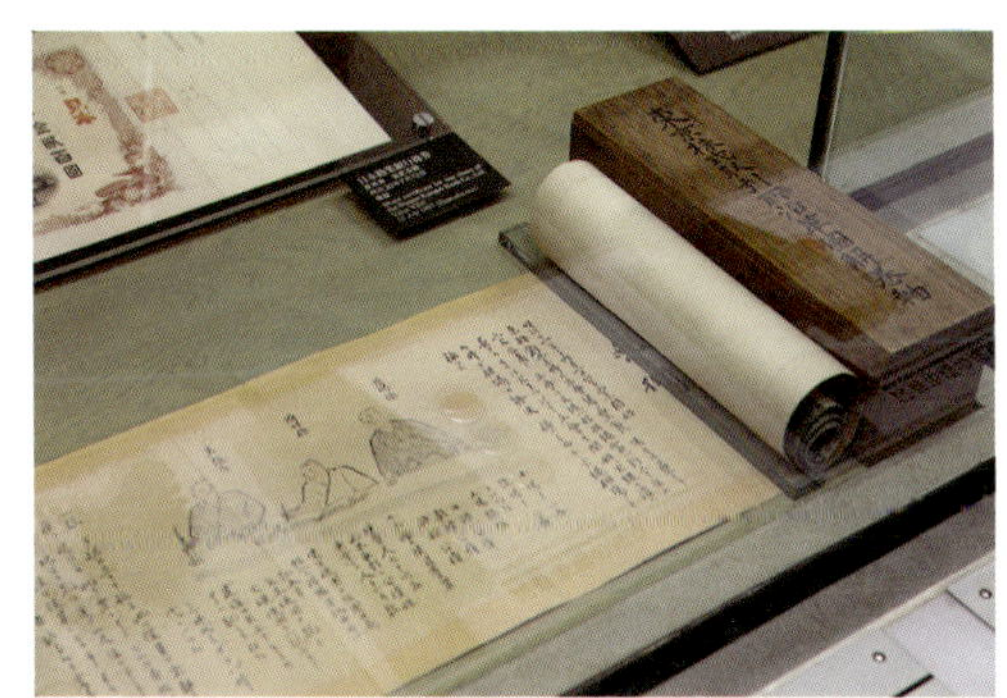

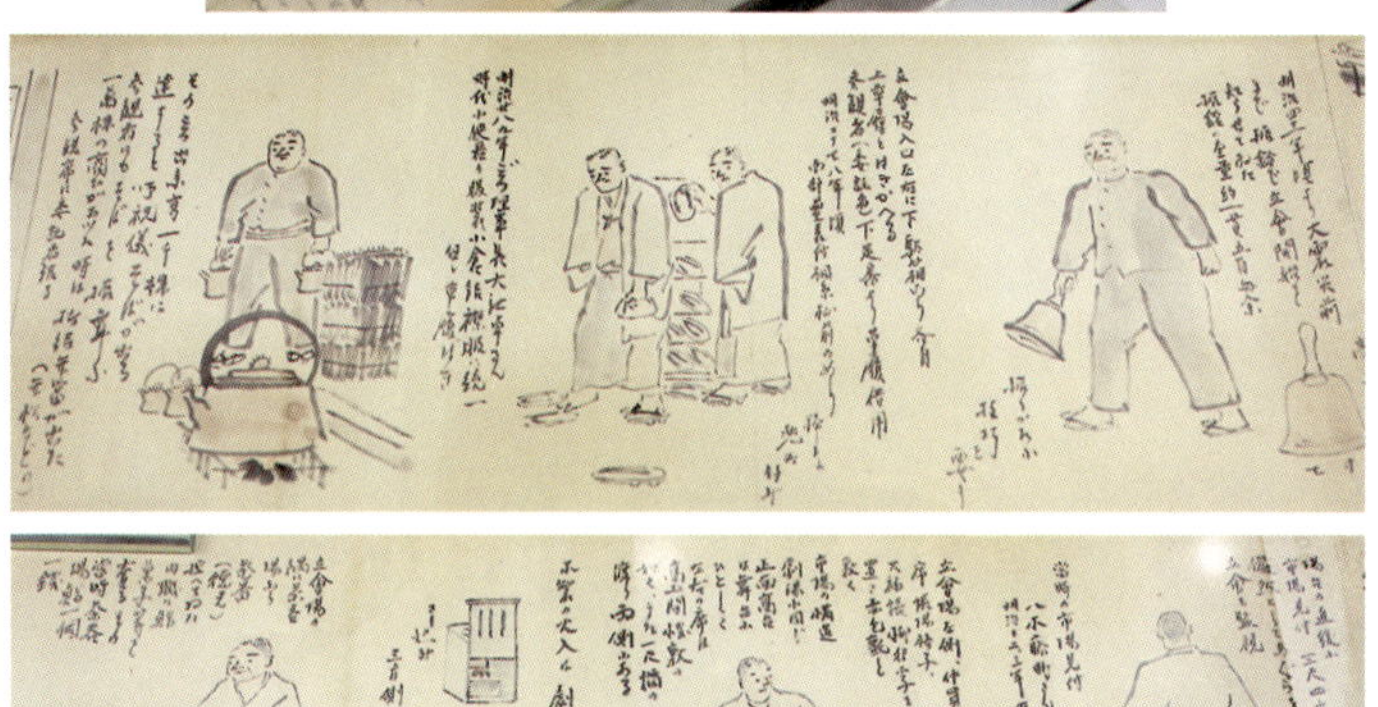

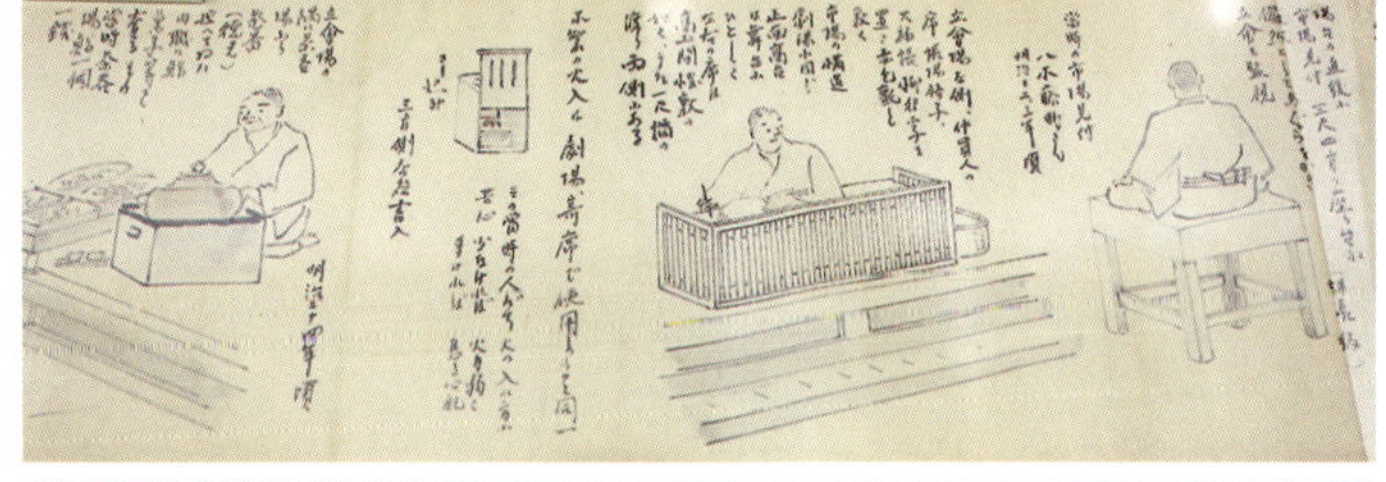

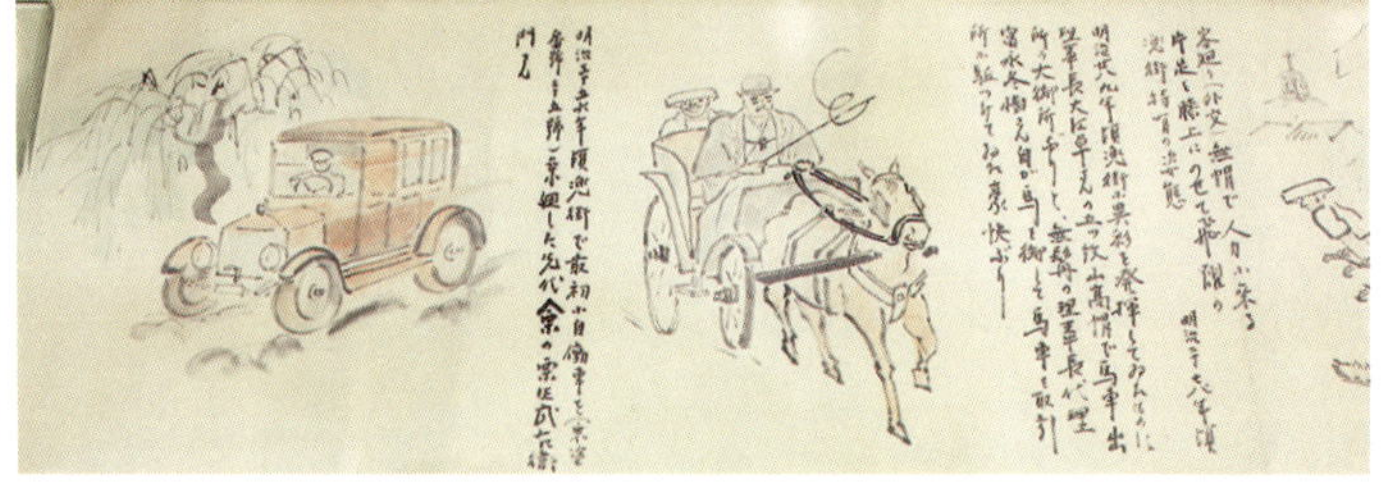

「東京株式取引所沿革図解巻軸」。明治時代の取引風景を描写した絵巻で、3メートル以上ある。©日本取引所グループ（撮影・中島伸浩）

明治・大正時代の証券会社の丁稚。証券会社では、丁稚、手代、番頭が働いており、年少者の丁稚は店に泊まり込みで働いた。©日本取引所グループ

自は、横浜居留地で営業していた洋銀取引業者（横浜組）や米仲買人が主で、丁稚や小僧と呼ばれた15歳前後の男子が店に寝泊まりして働いていました。兜町に電話が開通したのは明治23（1890）年ですので、それまでの取引所と店との間の連絡は、人が走って知らせに行くか、大声で叫んでリレーを行うしか方法がなく、とにかく人を多く要したのです。人手を要したのは取引所内も同じで、「小僧、丁稚の叫び立つるの状は宛も狂人の如く田舎人を一驚せしむ。立会中の雑音は市場の内外共に火事場を見るが如き有様」（金子佐平編『東京新繁盛記』）と表現されるほど、喧騒（けんそう）に満ちていたそうです。

立会時間中、立会場は開けっ放しで、立会場の隅には茶飲み場があって、お茶番が小遣い稼ぎに鮨や菓子などを売っていたそうです。明治

26（1893）年に、場内での飲食販売が禁止されると、取引所の周囲に菓子屋、鮨屋、焼き鳥屋等が屋台を出し、仲買人の求めに応じて、立会場の出入口まで出前したとも言われています。

こうした独特な株取引の街であった兜町・茅場町は、周囲を川で囲まれているため、どこから行くにも橋を渡る必要があったこともあり、「シマ（島）」とあだ名されるようになります。後に明治末期・大正期になると、「シマ」には証券業商店や証券会社が密集し、その従業員でにぎわうようになります。

17　証券の街、兜町の誕生

ここでは、江戸期から明治時代における兜町の移り変わりをたどってみましょう。江戸前島に位置する兜町・茅場町は、徳川家康の日比谷入江埋め立てと隅田川の付け替えに伴い、江戸湾と隅田川河口ににらみを利かせる重要海防拠点となり、徳川水軍の有力者が屋敷を割り当てられていました。武田水軍から徳川へ移り、徳川水軍として活躍し「海賊」と呼ばれ

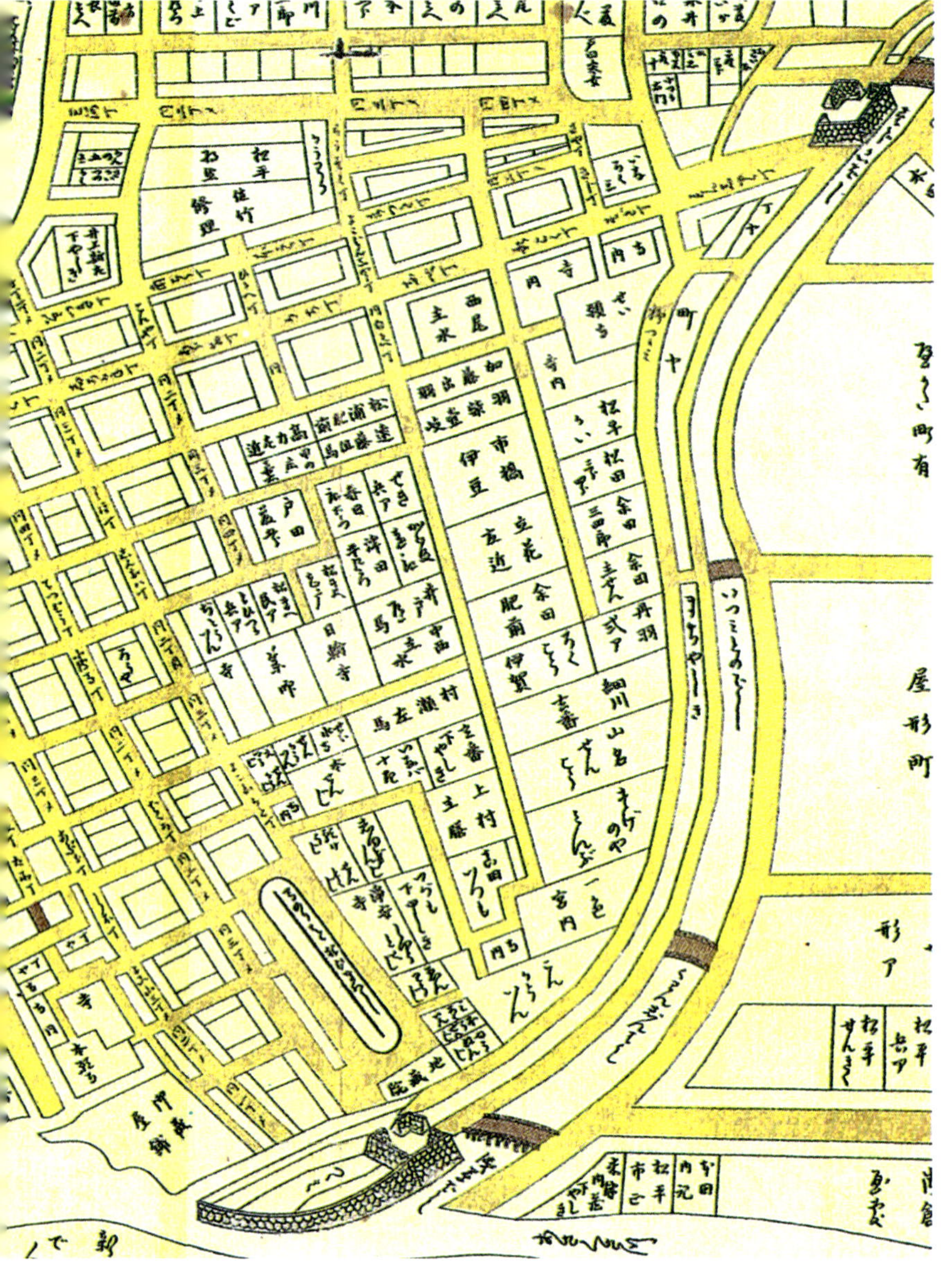

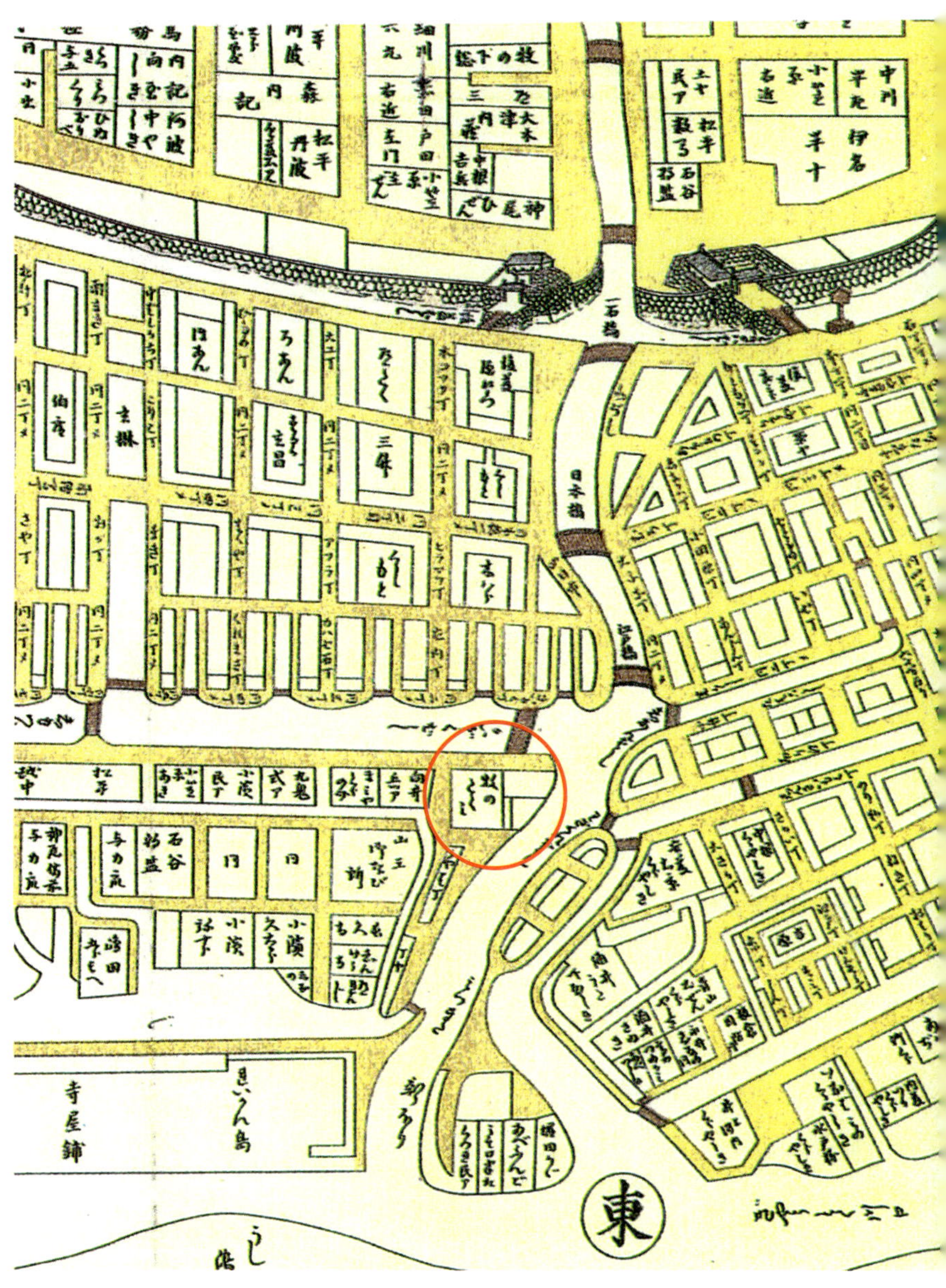

「武州豊嶋郡江戸庄図」。現在の東京証券取引所がある兜町は江戸湾に注ぎ込む川の河口に近く、満潮になると海水が足元の川に入り込むところだった。その地形を活かして、兜町周辺には幕府海軍関係者の屋敷が配され、江戸の海防に務めた。(『中央区沿革図集』所収)©中央区

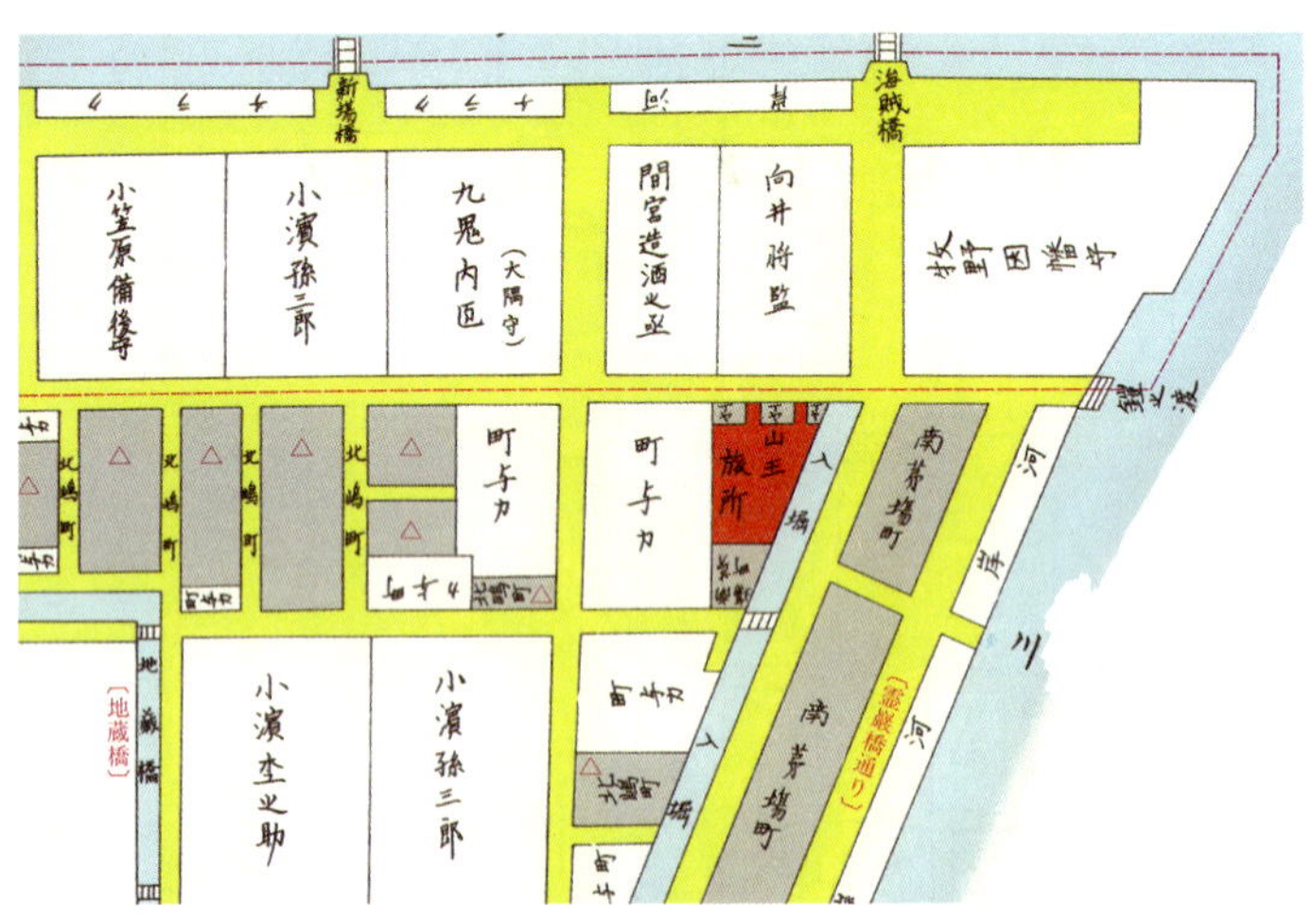

『江戸方角安見図鑑』。牧野家の上屋敷のあった場所の一部が、現在の東京証券取引所にあたる。（『中央区沿革図集』所収）©中央区

た向井将監、間宮造酒之丞、小濵孫三郎に加え、外様の九鬼氏が兜町・茅場町に配置されました。現在、兜町と日本橋を隔てる首都高の下にある橋の欄干に「海賊橋」と銘が彫られていますが、これは橋の袂に〝海賊〟向井将監が屋敷を構えていたことに由来するものです。

現在の東京株式取引所の敷地は、牧野家（丹後田辺藩）が江戸初期から幕末まで上屋敷を構えていました。牧野家の屋敷には、江戸でも評判の庭があり、ここに兜町の由来となった「兜塚」があったと伝えられています。

兜塚は、源義家が奥州征伐への往復の途中、戦勝祈願で兜を埋めた、または兜を岩にかけたという伝承が残る岩です。

明治期に入ると、牧野家上屋敷は返納され、更地となった後、明治政府により三井組と小野

組、島田組に下げ渡されます。明治７（１８７４）年に小野組、島田組が破産したため、小野組、島田組の土地は三井組に移り、現在の永代通りから東京証券取引所側の土地は、すべて三井組のものとなりました。

三井組はこの土地を事業用地として大いに活用し、第一国立銀行、兜町米商会所、抄紙会社（現在の王子製紙）などの設立に寄与しました。そして、明治11（１８７８）年に、第一国立銀行の所有家屋を購入した東京株式取引所が兜町に開設され、明治16（１８８３）年に兜町内に一度移転した後、明治31（１８９８）年に現在の東京証券取引所がある場所に移転しました。

明治期の兜町の様子を編年体で解説します。

まず、兜町の北側、日本橋川に面した土地に明治21（１８８８）年築の渋沢栄一邸（後の渋沢栄一事務所）が建ちます。東京駅の設計者でもある辰野金吾（たつのきんご）による作品で、レンガ造り2階建て、水辺に向いたヴェネチア風外観を持っており、東京府内でもひときわ優雅な建物でした。

東京株式取引所も、売買規模の拡大に伴って、明治28（１８９５）年には、日清戦争の戦後景気で売買高が大幅に伸び、市場が手狭となったため、市場改築委員会を発足させ、現在の東京証券取引所と同じ場所に新築することになりました。

早速、建築業者を決める競争入札が行われ、清水組（現在の清水建設）が落札しました。明治31（1898）年、兜町5番地に、東京大学建築学科卒業の佐立七次郎が設計し、清水組が施工した新しい東京株式取引所がつくられました。地上2階、地下1階、花崗岩5段積みの外壁を巡らし、屋根に深草瓦を載せたルネサンス様式の木造漆喰塗りで、東口に正門があります。

取引所の南側には、明治5（1872）年に完成した重厚でモダンな外観の第一国立銀行が聳え立っていました。2代目清水喜助が手掛けた和洋折衷様式のこの銀行の建物は、これまでにない斬新なデザインで、明治の文明開化を象徴する一大建築でした。さらに、第一国立銀行の向かいには、糸平が屋敷を構え、現在の平成通りを挟んだ西側には今村清之助が店舗を構えていました。

このように、明治期の兜町は、最先端の洋風建築が建ち並ぶ東京府内でも最先端のビジネス街であり、その情景は、ロンドンのシティを彷彿とさせるもので、当時、東洋一とも言われたものでした。兜町には、スーツを着てシルクハットを被りステッキを持つ、西欧風のビジネスマンが闊歩していました。

ただ、道一本裏手に入れば、そこは株式仲買店（現在の証券会社の前身）の丁稚が雑魚寝する姿がありました。株式仲買店でも、江戸期の商家と同じく、幼少期に丁稚奉公から入り、

上 第一国立銀行。海運橋（現在は橋柱のみ存在）の袂に建築され、第一国立銀行の本店として使われた。現在のみずほ銀行兜町支店の場所。清水建設の2代目である清水喜助の設計で、文明開化を感じさせる建築として評判になったが、明治30（1897）年、次の建物に更新されるため解体された。©国立国会図書館

下 兜町の日本橋川沿いに建造された渋沢事務所。辰野金吾設計。この当時、栄一は東京・深川の福住に和風の住居を構えていたが、業務繁忙になるにつれ、この事務所で寝起きするようになった。©渋沢史料館

脱落しなかったものが手代となり、番頭へと出世していく、というものでした。

日々、店の屋根裏部屋で仲間の丁稚と一緒に雑魚寝をして、朝になれば手桶水を店の前に撒き、仲買人たる主人に随行して出かけるといった江戸時代と変わらない風景だったそうです。明治期に入ると仕事の内容は現在の仕事と近くなりましたが、その働き方は江戸期の徒弟制度とあまり変化がなかったようです。

18　取引所倒産の危機

東京株式取引所での取引は、仲買人同士が取引を成立させ、当人同士の責任で公債や株券と買付代金の交換を行う仕組みでした。そのため、取引の相手方の倒産や株券引渡し不能の場合は、取引が完了できず係争が生じました。次第に、仲買人からは「取引所が知らぬ顔の半兵衛（はんべえ）とはけしからん」という批判が出て、明治15（１８８２）年に条例を改正し、取引所に取引後の責任を負わせることになりました。

具体的には、取引所が売り方と買い方の間に入り、取引後の受け渡し責任を負うということで、取引の安全性を確保しようとするものでした。この考えは取引所の財務基盤が強固で、仲買人の過ちを飲み込める胴元であるうちはよいのですが、そうでない場合には、取引所自体の倒産という事態が発生しかねません。

明治14（1881）年開業の日本鉄道の成功をもとに、日本では初めてとなる企業勃興ブームが起こり、起業家や既存企業は数多くの紡績や鉄道会社等の新規設立を企図していました。この当時、株式会社への資金の出し手は銀行で、銀行が資本金を払込んで株式を得た後、株式市場で当該株式を売却することで、資金の還流を図っていました。ところが、明治22（1889）年8月19日、秋雨前線が停滞する日本列島に台風が襲来することで事態は一変します。台風は高知県南部に上陸後、近畿地方を横断して日本海へ抜けると、新潟、秋田、北海道と列島に沿って北上しました。台風は、紀伊半島吉野で1日に1000ミリを超える猛烈な雨を降らせたほか、台風の通り道となった近畿、北陸、東北では収穫前の米に大打撃を与えたのです。

この影響で、この年は凶作となり、米を発端とした物価高が発生。それまで株式市場に向いていた資金が停滞し、銀行は株式市場での払込資本金の回収が思うように進まず、資金不足になる銀行が現れました。銀行の資金不足は、そこから融資を受けている株式仲買人に波及し、東京株式取引所の仲買人が破綻するという事態が発生します。

東京株式取引所理事長河野敏鎌。理事長を務めた後、河野は松方正義内閣で入閣し、司法大臣や文部大臣などを務めた。
© 日本取引所グループ

先に紹介したとおり、明治15(1882)年の条例改正で、取引所が約定後の履行責任を負うことになっていたことから、仲買人が未決済約定を抱えて破綻した場合、取引所が当該約定の清算・受け渡し義務を背負うこととなりました。

明治23(1890)年、有力な仲買人が経営破綻し、その決済資金を取引所が用意することとなったのですが、どこを探してもそんなお金はありません。取引所倒産が現実味を帯びるなか、取引所理事長の河野敏鎌(こうのとがま)は、同じ兜町に住んでいた栄一を訪問し助力を請いましたが、栄一は、次のように答えています。

「第一(銀行)からは、だめです。第一から七十七に資金を回すので、七十七から融資を受けてください」

栄一は第一国立銀行と取引所との直接的な関係を持たせたくはなかったと言われています。しかし、このまま事態を放置すれば、せっかく開業した取引所が消滅してしまう。そんな危惧を覚えた栄一の精一杯の回答でした。

19　感謝を忘れず、１２０年

なぜ、栄一は、数ある銀行の中から東北地銀の国立第七十七銀行を指名したのでしょうか。国立第七十七銀行は、元仙台藩の士族が中心となって、東北開発の拠点となるべく設立された銀行でした。栄一は三陸視察の折、たまたま仙台に立ち寄って国立第七十七銀行の設立関係者と面談する機会を持ちました。栄一が彼らの東北開発に懸ける熱い想いに投資の有望性を感じ、帰京後に大株主として資本金を拠出したことで強いつながりができていたのです。

銀行設立後、国立第七十七銀行は、第一国立銀行から宮城県の公金取扱事業を譲渡され、収益基盤を確立したほか、頭取となる有望な人材も第一国立銀行から迎えたという経緯もありました。国立第七十七銀行は、栄一から数々の恩義を受けていたので、栄一の依頼であれば喜んで受けたい、あるいはこれをきっかけに証券業界の仕事を請け負いたいと考えていたのかもしれません。実際、七十七銀行社史には、この事件の際に第一国立銀行から援助融資があったことが記されています。国立第七十七銀行の判断の陰にはそういった栄一の助力も

現在の七十七銀行兜町支店。（撮影・中島伸浩）

あったのかもしれません。こうして、取引所は資金難を脱します。経緯はともあれ、遠い東北の地方銀行であった国立第七十七銀行が、リスクの高い融資をしてくれたのです。それがどれほどありがたいことであったか、その感謝の念は深く記憶に刻み込まれることになりました。

河野の次の頭取となった大江卓は、株式取引の清算を引き受ける「場勘銀行」を七十七銀行ただ一行だけに決めています。同行は、わが国最大の株式取引所の清算業務を1社で請け負うことになりました。ただ、昔といっても取引量は少なくありません。しかも今のようにコンピュータもないうえ、取引時間も前場・後場がなく、通しで夜中まで開くこともあったので、七十七銀行の職員も徹夜で働かねばならなかったそうです。

証券界の七十七銀行への感謝の想いは戦後になっても変わることはなく、資金決済銀行として七十七銀行への場勘銀行指定は、今も継続されています。

『日本証券史資料　戦後編　第4巻　証券史談（一）』にこのような証言が残されています。

「昔の恩義があるから、取引所は必ず七十七銀行を使えと、私は徳田総裁（日本証券取引所総裁）から頼まれたことがあるのです」（元東証理事長・小林光次）

「七十七に損をかけたという心がけの悪い同業者の話をついぞ聞いたことはない」（元丸国証券専務・福原貞夫）

今日でも、メガバンクに交じって、地方銀行から唯一、七十七銀行だけが場勘銀行に指定されています。兜町は120年間感謝の気持ちを忘れず、今も受け継いでいます。

コラム　成金　鈴木久五郎

わが国証券市場には、数々の相場師が現れますが、明治期後半から大正期にかけて活躍した鈴木久五郎も、この時代を代表する相場師の一人です。

鈴木久五郎は、明治10（1877）年に埼玉県春日部市の造酒屋（つくりざかや）の次男として生まれました。事業欲が強く、東京に出て大きな仕事をしたいという野望にあふれていた久五郎は、両替商から身を立てた安田善次郎などが株式市場で大きな儲けを手にしたという話を聞いて、相場師となって一旗揚げたいという希望を持っていたようです。

そんな久五郎を大物相場師に押し上げたのは、日露戦争時、明治38（1905）年5月の日本海海戦です。久五郎は、日本海で日本の連合艦隊とロシアのバルチック艦隊との決戦が行われるとの情報に接すると、日本の勝利を信じ、全財産を使って東京株式取引所の株式等を買い集めます。戦況が伝わってこないうちは、買い値を下回る状況で、久五郎は大きな損失も覚悟するのですが、日本がロシアの艦隊を撃破したことが市場に伝わると株価が急騰、久五郎は伝説の相場師に仲間入りしました。

大きな資金を手にした久五郎は、当時、東京株式取引所株式と並んで人気銘柄であった鐘紡株に資金を投じ、大相場をつくり出したという話も伝わっています。また、豪遊でも知られました。華麗な造りで知られた向島の料亭「花月華壇（かげつかだん）」を自宅として購入、多くの客を呼んで大規模な宴会を繰り返した、とも言われています。

しかし、その絶頂期が長続きすることはありませんでした。明治40（1907）年の1月中旬、銀行の貸し出し引き締め策発表で株価は暴落。久五郎は財産のほとんどを失いました。この時に売り手に回ったのが、野村證券の創業者、野村徳七だったのです。

コラム　兜町の食事事情——立ち食い鮨と弁松

株式市場がある兜町では、何かと縁起を担ぐ相場師気風もあって、昔から語呂がいい食べ物が好まれたと言われています。例えば、鰻は「うなぎ登り」、天ぷらは「あがる」ということで、市場関係者は真面目に縁起を担いで、何かというと、これらの食事を好んで食べていました。もちろん、これらの食べ物は一般でも人気の食べ物ですから、兜町の人たちが、おいしいものを食べる口実にしていたのかもしれませんが……。

明治時代の取引には前場・後場といった区切りがなく、一日3回程度、時間を決めて集団売買を行っており、市場が繁盛すると、夜9時、10時まで取引が続くことがありました。そうなるとお腹も減るわけで、市場内に「江戸銀」という鮨屋が出前屋台を拵え、立会の合間に立ち食いで鮨をつまむ光景が、しばしば見られました。

明治時代の地図で確認すると、江戸銀は兜町と日本橋との境界線である楓川沿いにあった鮨屋で、現在の日本橋兜町10番の4あたりの住所にありました。

取引所では、出来高が多い時を「大商い」と言います。明治20年代以降には、一日１０００株以上の大商いがあると、ご祝儀のそばが取引所から出て、１万株以上になると仕出し弁当が日本橋の老舗「弁松」から運び込まれました。

弁松は、文化７（１８１０）年に樋口与一が日本橋に開業した食事処が発祥で、嘉永

弁松の弁当は、濃く甘い味付けの卵焼きや煮物が特徴。古い客から味が変わらないと言われるよう、創業家の社長自ら厨房に立つという。(写真提供・弁松)

3(1850)年の3代目松次郎の時代に、食事処をたたんで日本初の折り詰め料理専門店になっています。甘い卵焼き、濃い味付けの煮物は、一度食べたら忘れられない味です。現在の代表取締役である樋口純一氏によれば「弁松の弁当は安いわけではないので、若い頃は出世したら食べたいと思っていた」と買いに来るお客様が、今でもいるそうです。また、「憧れの味だったのだから、ずっと今のままでいてほしい」というお客様もいるとのことです。取引所に関わる人々の間では、弁松の弁当の味が、市場の味として記憶されています。

3

昭和期

戦後の証券市場復興と隆盛

1　戦争下の兜町（昭和20年）

昭和12（1937）年に日中戦争が始まると、証券市場も取引所も戦時統制下に置かれました。

戦争継続に必要な武器弾薬・船舶を製造する会社を優先的に設立するため臨時資金調達法が制定され、戦争に関係ない企業の資金調達よりも、戦争関連企業の資金調達のための新株募集等が優先されたのです。

しかし経済統制や配当規制は株式市場を萎縮させ、価格は低迷します。昭和14（1939）年にイギリス・フランス・オーストラリアがドイツに宣戦布告して第二次世界大戦が開始されると、第一次世界大戦後の株高が連想されたのか、証券市場は全面高の様相となります。ですが、しばらくすると、また長い低迷を経験し、ついに昭和16（1941）年7月には政府が株価の下限を決定できる「株式価格統制令」が出されました。

同年12月の日米開戦後は再び活況を呈しました。大本営が発表する戦況は日本有利だったので、株式市場では株価上昇期待が高まりました。戦争中にもかかわらず、昭和16（１９４１）年12月と翌17（１９４２）年１月には法令や税制強化で株価の高騰を抑制しなければならないほどで、昭和17（１９４２）年11月には平均株価が日米開戦前の２倍に達しています。

第二次世界大戦後半期、戦局の悪化に伴い株価は下落しますが、戦費調達のために発行された巨額の戦時公債の販売はむしろ盛んになります。並行して、取引所と仲買人（以降、証券会社と言う）への統制をより効率よく強化する目的で、それらの集約化が行われました。昭和18（１９４３）年３月、戦前に、全国に11あった株式取引所は、新しく「日本証券取引所」に統合され、役員の過半数を政府が握る国策機関となりました。ここに、渋沢栄一と今村清之助らが設立し、日本最初の上場会社でもあった東京株式取引所は消滅、新たな国策会社として、「日本証券取引所」が誕生・上場します。

証券会社については、資本金を合併させ、より大きな会社組織につくり替えていきました。これで、昭和18（１９４３）年12月に１９６４社あった証券会社は、翌昭和19（１９４４）年３月には４００社程度に減少しました。

このように取引所と証券市場のプレーヤーへの国家統制を強化する一方で、政府は株価そのものも統制下へ置こうとします。それは、政府の資金による市場を通じた株の買付けでした。

最近でも新聞や各種メディアで「株価対策」という言葉を見かけますが、先に述べた株価抑制策とは反対に、株価維持を目的にした株価対策の最初の発動は、昭和10（1935）年に生命保険32社が共同で設立した「生保証券」による株式買上げで、こうした株価維持のための会社を、「株式買上げ機関[*41]」と言います。

とりわけ、東京大空襲後の昭和20（1945）年3月以降、昭和18（1943）年に政府の資金で設立された「戦時金融金庫」が、無制限に株式の買集めを行い、空襲前の株価を維持することになります。さらに同年7月以降は、取引所自身が直接に株式を買集めるという前例のない特例措置が発動され、長崎原爆投下の8月9日までこれが継続されました。

この間、兜町で働く証券会社の社員は、鉄兜を被ってゲートルを巻き、非常食を腰につけて出社していました。証券会社からも多くの若者が軍に召集されて、店は歯抜けの状態でした。昭和20（1945）年3月10日の東京大空襲では、取引所周辺も爆撃され焼け野原となりました。取引は3月16日まで停止になり、東京と通信が途絶した全国各地の取引所も取引を停止しています。

取引所の建物は石造りで頑丈だったので焼け残り、家財道具を取引所の地下に運び入れていた兜町界隈の人々の家財は空襲被害から逃れることができたのだと、兜町では今でも語り伝えられています。また、取引所の年史には備蓄食糧で炊き出しを行った記録も残されています。

同年5月にドイツが無条件降伏すると証券市場は売り一色になったと伝えられています。[*42]戦局が思わしくないことは、さすがに投資家たちはわかっていたようですし、不利な戦局で株を売ることが非難されたような形跡もありません。また、東京大空襲後の3月17日に再開された取引においては、軍需産業株が低迷し、民間株式の売買が目立っているので、すでに投資家は日本の敗戦を予測し、新しい日本への期待を市場に織り込んでいたのかもしれません。

同年8月6日に広島に原爆が投下され、大蔵省の指示で8月10日に全国の取引所は売買を停止します。この後、日本証券取引所が再開することはありませんでした。

2　終戦――新円交換と集団売買（昭和20〜24年）――

昭和20（1945）年に戦争が終結し、日本証券取引所をはじめとする証券業界関係者は、国土復興に必要な企業への資金調達をさせるためにも、早期に証券市場を再開することが必

米国海軍に接収された東京株式取引所。返還されるのは、証券取引所が再開した後だった。©日本取引所グループ

要だと考えました。彼らは当時の津島壽一大蔵大臣にその旨を説明した結果、「昭和20（1945）年10月1日から取引所を再開する」との大臣談話が新聞に報じられました。ところがこのことは、日本を占領下に置いているマッカーサー指揮下のGHQには何の了解も得ていなかったのです。この日本政府の行動はマッカーサーの逆鱗（げきりん）に触れ、GHQは取引所再開を認めないとするメモランダムを（大臣談話の前日付で）公表しています。[*43] 前出の『日本証券史資料　戦後編　第4巻』に収録されているトーマス・F・M・アダムスの証言によれば、マッカーサーの妻が昭和4（1929）年の世界大恐慌の際に株式投資で大きな損失を出した経験から、株取引は博打であり禁止すべきである、と考えていたとも伝えられています。

終戦直前の株式市場では、戦時金融金庫による株価維持政策によって、買い方の70％が日本証券取引所となっており、とても投資家中心の証券市場とは言えない状況でした。ＧＨＱは、日本の証券市場が自由経済に基づいておらず、価格決定が公平に行われていない点、財閥からの影響を受けている会社が多く、独立した経営を行っていない上場会社が多いことなどを問題としており、そうした経済環境が変わるまでは、証券市場を再開することに消極的であったようです。

証券取引所の再開の目途は立たない状況でしたが、戦争終結後からまもなく、家財を売ってでも食料を得たい人々が、手持ちの証券（特に戦時債券）を売却して現金化したいと考え、証券業者を訪ねるようになりました。多くの証券業者にしても、社員を戦争で失い、空襲で店舗ごと焼失したところもあるなか、早々の業務再開は難しい状況でしたが、それでも換金のための売却ニーズに懸命に対応しようとし、一部の証券業者は店頭での株式・債券の買取りを始めました。

すると、今度は株式を買いたいというお客様が訪れてきます。取引所が再開されないまま、東京では昭和20（１９４５）年12月には証券の集団売買が開始されています。戦後の東京は空襲で焼け野原にバラックが点在する状況で食糧の確保も苦労しているなかで、どうして株式の売買ニーズがあったのでしょうか。そこには次のような事情がありました。

太平洋戦争の終結後、戦争中に行われていた金融統制が解除されると、多くの国民は日々の食糧確保のための金を銀行から引き出しました。その結果、市中の貨幣流通量が増え、インフレ傾向が顕著となりました。

そこで、日本政府は、インフレに対応した新しい紙幣（新円）を発行すると共に、交換方法を銀行からの預金引出し時とし、預金引出し額に上限を設けることで、新円を受け取れる量に制約をかけました（昭和21〈１９４６〉年2月金融緊急措置令等）。こうして市中の貨幣流通量を減らしてインフレを抑制しようとしたのです。

ところが、これには抜け道があったのです。株式を買う時の代金は預金から旧円で支払うことができ、株式を売った際の売却代金は無制限に新円で受け取れるという特例があったため、旧円を多く持っていた富裕層は株式を買って、それを短期間で売ることで新円を手にすることができたのです。新円を入手する目的で、多数の株式売買が行われ、結果的に大量の新旧の円の転換が、証券業者の店頭で行われました。そのため兜町はとても繁盛したそうです。

新円入手目的等で証券の売買が活発化すると、業者間での証券売買のニーズも高まります。明治期の公債売買と同様、取引所がなければ証券業者が集まって自然発生的に集団売買が始まります。『東京株式取引所五十年史』には、先述のように兜町の日証館ビルと取引所ビル

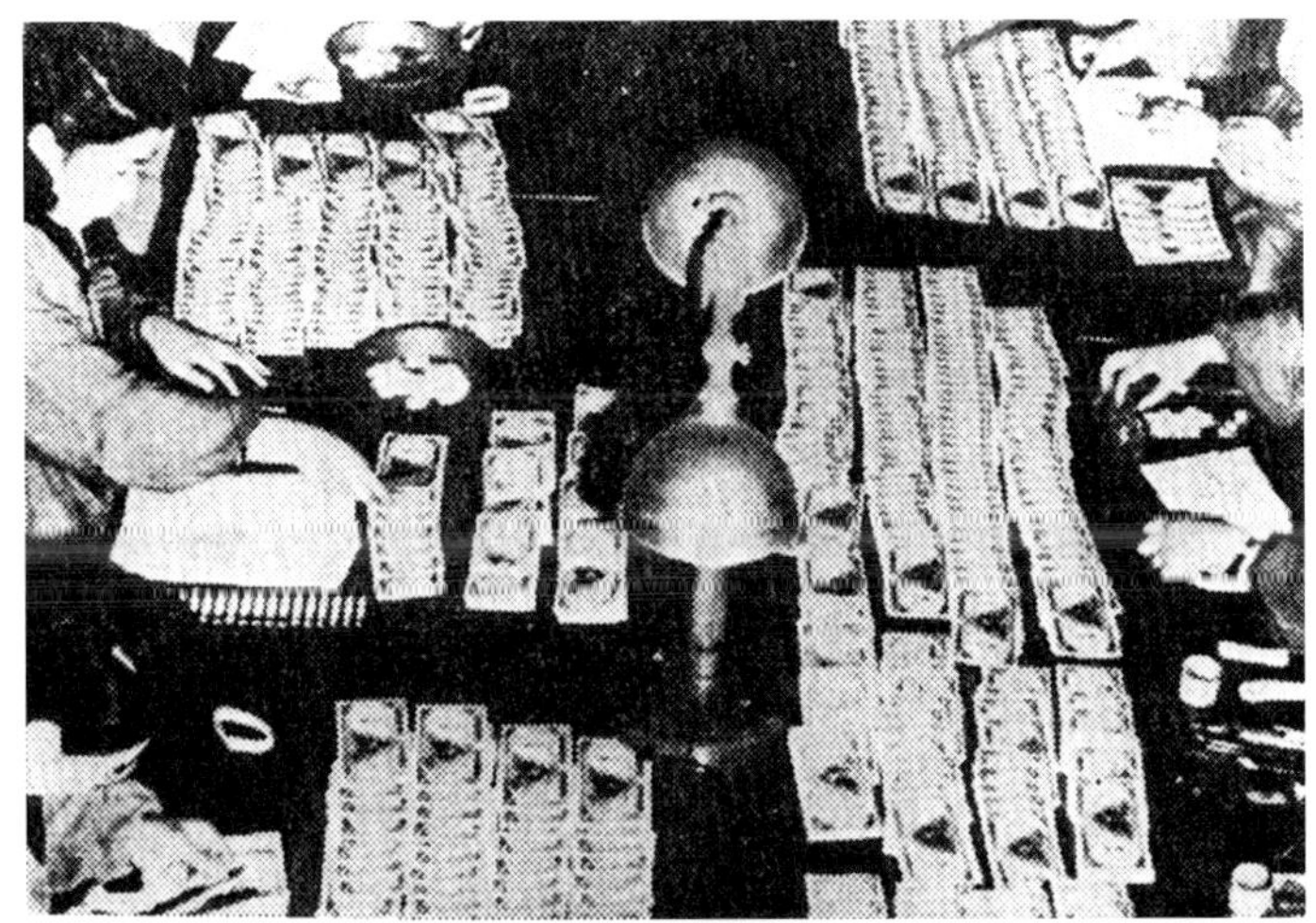

上 旧円と新円の交換風景。新円に交換できる量は限られていたため、多額の旧円保有者は交換できない旧円紙幣を抱えていた。©『才取史』

下 兜町の日証館ビル前に並べられた株式買取り価格表。戦争が終わるとすぐ、現金を必要とする人たちが株式を売却するため兜町を訪れるようになり、次第に証券業者の間での売買も増えた。これが集団売買の始まりである。©日本取引所グループ

の間の路上や、取引所ビルの地下に証券業者が集まり業者間の相対取引が開始されていましたが、次第に手狭となったため、日証館ビルの1階と2階にあった証券会社（日東証券）の店舗を借りて売買を行ったという記載があります。当時の状況をまとめたインタビュー記録によれば、常時出入りする人数は約３００名、それがわずか46坪のフロアにいたのですから、身動きすらできない状況だったようです。

自然発生的な取引とはいえ、これだけの規模になれば、当然、証券取引を禁じたＧＨＱの目に触れないわけがありません。先に紹介した『日本証券史資料　戦後編　第4巻』において、ＧＨＱの取引所再開交渉担当官であったアダムスは「禁止しようといっても、禁止なんてできませんよ」、「人によっては株式を売る必要もあったでしょうし、株式を買う必要があった人もいるでしょう」という言葉を残しており、ＧＨＱが集団取引を黙認していたことを認めました。

ＧＨＱが取引所の再開を認めず、証券業者間の集団売買を事実上認めた理由について、明確な見解を示した研究成果は見当たりませんが、後に取引所の再開を認めるにあたってＧＨＱが求めた条件の一つに、取引所での価格とは関係なく、証券業者と顧客が売買価格を決める「仕切り売買[*44]の廃止」がありましたので、証券取引慣習に何らかの問題があって、公的な取引所再開が遅れたとも考えられます。東証に残るＧＨＱの占領政策に関する資料は、検証途上のものも数多くあり、今後の研究でさらに新しい事実が判明すると思われます。

3 「国民一人一人が株主に」――その1 財閥解体・財産税の物納・特別機関解体――

『東京証券取引所10年史』によれば、GHQは経済の根底をなすのは金融であるとの考えから、金融に自由経済を導入することを計画し、富の再分配を計画しました。

その計画は、①財閥解体、②国家特殊機関からの株券所有移転、③個人財産税の賦課などの政策を通して、富裕層に蓄積された富をはき出させ、それらを国民一人一人が保有できるようにしようというものでした。それはまた、株式投資の知識がなかった国民に、官民挙げて投資教育を行おうという壮大なプランでもありました。

日本に株式会社制度が導入された明治初期、主な株式投資家は華族や起業家などの少数に限定されていましたが、鉄道投資ブームや株式投資で成金と呼ばれる富豪が現れると、日清戦争・日露戦争を通じて株主数は拡大し、寺西重郎の論考「明治大正の投資家社会」によれば、大正14（1925）年における株主数は延べ50万～60万人とも推計されています。同年の日本の人口が５９７３万人ですから、株主数は拡大したとはいえ、投資家は人口の１％程度にとどまっていたことになります。

投資家数が少なく、証券取引形態が主に清算取引で、株式の所有を目的としない取引も多分に含まれていたこともあり、とかく株式市場での価格形成は一方的になりやすく、戦前には、株価の大幅下落を伴う恐慌が何度も発生しています。

第二次世界大戦初期、良い戦況が伝えられると、投資家は買いに動き、株価が大きく値上がりした時期もありました。戦争後半になって本土空襲が行われるようになると、投資家は売りに傾くので、株価下落を防止するために設立した戦時金融金庫等の特別な機関が、取引所で流通株式を買付けるようになり、ＧＨＱが日本の占領間接統治を開始した時点で、戦時金融金庫等の株式買付残高は12億円に達していました。また、軍事産業を含む財閥の産業寡占が進み、財閥に富が集中するようになっていました。『証券百年史』の「財閥解体」部分の記載によれば、昭和20（１９４５）年11月の財閥解体指令日において、全国の会社払込資本金合計が３２３億円であったのに対し、財閥解体の対象となった十大財閥[*45]傘下の会社の払込資本金合計が１１４億円であり、日本全体の払込資本金額の35％が財閥により占められていました。

ＧＨＱは、財閥や一部富裕層への富の集中を改善し、株式所有の構造を改善することが、再度の日本の軍事国家化を防ぐことに貢献すると考え、株式買上げ機関から株式を接収し、財閥から保有株式を買取り、国民に広く分配することにしました。[*46] また、財閥家族の個人保有資産に多大な課税を行い、これまでに蓄積された富を国民の間で再分配することにしました。この「財産税」は、最高税率90％という超高額の税で、鈴木邦夫埼玉大学教授による調査では、課税対象となった54家のうち、６家で資産が残らず、48家で平均85％の財産を税金として徴収されました。しかも、財産税支払い後の残余財産から財閥解体にかかる株式を接収したので、財閥家族に残った財産は、非常に少ないものとなりました。[*47]

財閥解体で集められた株式75億円、財産税で物納された株式、その他独占禁止法により処分されることとなった株式を合計すると１８４億円となり、当時の市場全体の時価総額４３７億円の42％に達しました。

これらの巨額の株式の処分は、昭和21（１９４６）年に日本の帝国議会で可決成立した「有価証券の処分の調整等に関する法律」において設置することになった証券処理調整協議会（ＳＣＬＣ）が行うことになりました。ＧＨＱは、ＳＣＬＣ設置法案の可決の際、次のようなコメントを公表しています。

「この種の協議会は、日本国民の間に有価証券の公平な分配を図るため是非必要である。日本では今まで一般大衆が有価証券を維持せず、今後証券所有の大衆化を実現せねばならぬ。

協議会の目的の一つは、有価証券に関する大衆教育にあり、新たに証券を購入せんとする者に正確かつ真実の情報を提供するにある」

ＧＨＱは、株式投資層を拡大するには、株式を運用する大衆の教育が必要であることを認識し、その重要性を日本政府に伝えています。現在では「投資家教育」と呼ばれる活動は、後に再開される証券取引所において、重要な役割の一つとなっていくのです。

4 「国民一人一人が株主に」――その2　史上最大の作戦（昭和22年～）――

ＳＣＬＣは、財閥解体等で生じた処分株を、「証券が旧所有主の手に〝復帰〟しないよう注意」したうえで、一個人への分譲量に制限を設け、発行会社の従業員、当該会社の本支店または工場所在地の住民に優先買受権を与え、売出しを開始しました。売出し価格は、時価を１００とすると、従業員向けが95・2、入札が95・1、一般向けが99・5という、ディスカウント売出しとなっていました。

しかし、売出し価格を割安にしたものの、国民に株式投資の知識がなく、どれだけ申し込みをしてよいのか可否の判断がつかないこともあり、販売実績はいまひとつでした。政府や証券業界の関係者は、株式投資をしてもらうためには、株式の引き受け側への教育が必要であることに気がつきました。ＧＨＱも「総司令部は証券が広く日本国民の間に分散されることを期待し、証券が旧所有者の手に復帰しないよう注意するが、さらにどこの小村に住む人たちも証券を所有する機会が与えられ、また従業員、会社所在地の居住者及び小口投資層にも売却される要がある」（ＧＨＱ発表：昭和22〈１９４７〉年6月18日）との声明を発表し、投資家教育を後押しすることになりました。

こうした動きを受けて、昭和22（１９４７）年9月、証券業者でつくる東京証券業協会は、ＳＣＬＣの売出しを円滑に行うため、「株式投資による貯蓄運動実施に関する計画」を立案し、証券貯蓄運動や人気株の投票などの啓発活動を行うことを決めました。

これを「証券民主化運動」と言い、わが国史上初にして最大の官民一体の株式投資キャンペーンが始まりました。

「国民の一人一人が株主に」を合言葉に、公開講演会、投資座談会、臨時投資相談所の開設、株式祭、株式移動展示会、「株式民主化」の映画製作などの一大イベントを実施、関係者の決起大会には、経済団体連合会、全国銀行協会、日本商工会議所、ＧＨＱ、片山哲首相、栗栖赳夫蔵相、一万田尚登日銀総裁といった政界・経済界の首脳が壇上に勢揃いするという、

GHQが財閥解体で買上げた株式を国民に売出すためにキャンペーンを実施した。GHQは経済民主化を進めるため、より多くの国民に株式を保有してもらいたいと考えたが、結果的に旧財閥家に近い会社もかなりの株式を購入した。©日本取引所グループ

国家プロジェクトでした。

証券民主化運動の結果、株式投資の知識は広く普及し、SCLCの株式売出し（2億3300万株）は、昭和26（1951）年6月までの約4年間で完了しました。この結果、日本の株式所有構造は大きく変わりました。昭和20（1945）年末と昭和24（1949）年末の株式分布状況を比較すると、個人投資家の全体に占める割合が53・07％から69・14％に増加しました。この個人投資家比率は、戦後で一度も破られていない最高値です。人数にすれば19万人の新しい株主が生まれたことになります。

証券民主化運動は、株式投資家数を増やすという買い手側への教育活動でしたが、株式所有構造が激変したことにより、株式を発行する企業側には大量の個人株主という、新しい株主に

目を向けた経営が求められるようになったとも言えます。

5　証券取引所再開に向けたＧＨＱとの折衝

先述のように、昭和20（１９４５）年9月、津島壽一蔵相から「日本証券取引所は10月１日再開する」と発表されながらも、直後、ＧＨＱのマッカーサー最高司令官から再開を留保する指令が日本政府に届き、結局、取引所の再開は見送られました。

取引所が開かれていない期間、新円確保のための株式取引、集団売買、財閥解体、ＳＣＬＣによる株式売出し、証券民主化運動と、日本の証券界は目まぐるしく変化を続けていました。

その間、取引所再開に向けて、どのようなドラマがあったのでしょうか。まずは登場人物から整理したいと思います。

ＧＨＱは、取引所再開に向けた調査のため、トーマス・Ｆ・Ｍ・アダムスを証券行政担当官に指名しました。アダムスは高校を出ると、サンフランシスコ証券取引所に入社、事務員として働きます。証券業者として独立してサンフランシスコ証券取引所の個人正会員の資格を持ち、ブローカーとしても働きました。ＧＨＱは、そうした経験を買って、アダムスを取引所担当に任命したと思われます。

　アダムスの上司がウィリアム・フレデリック・マッカート少佐[*48]（経済科学局、後に少将）で、その上司がマッカーサー元帥という序列になっていました。証券業界側の交渉役は、清水浩でした。清水は、岡山県高梁市に生まれ、旧制高梁中学を卒業後、慶應義塾大学に進学、産業調査会や日本経済連盟などに勤務した後、後に紹介する山崎種二の縁で東京株式取引所取引員協会に勤務、取引所再開の中心人物になった後、東京証券取引所の初代常務理事の一人となる人物です。

　清水は、清水比庵（本名は秀）という日本画家を実兄に持ち、清水自身も「三渓」という雅号で日本画を描き、比庵と「野水会」を結成して個展を開催する腕前でした[*49]。また英語が得意で、大学在学中は、研究社にて辞書編纂のアルバイトや、井上準之助日銀総裁に雇われて英語書物の整理を手伝ったこともありました。留学経験はありませんでしたが、相当に英語が堪能な人物だったようです。

　昭和21（１９４６）年、清水は会員組織取引所創立準備委員で当時、51歳でした。森泉恒四郎、小山正之助といった元東京株式取引所の理事たちから、

「ＧＨＱとの交渉で、どうも通訳がうまくいかなくてね。そこで清水君、英語の得意な君にちょっと助けてほしいんだ」

と、ＧＨＱへの同行を求められたことが、清水が交渉の矢面に立つきっかけとなりました。

先方では、ブレントリンガー中尉が担当だったのですが、清水は彼に気に入られ、

「通訳よりも、清水さん、あなたがいたほうがはるかにいい。これからはあなたと交渉する」

ということになったのです。

そういう経緯で、昭和21（１９４６）年、清水がアダムスと対峙すると、アダムスは日本に好意を持っており、日本文化への関心が高いことがわかりました。アダムスは東京の大田区洗足に親子３人で住み、日本人に溶け込むような生活をしており、占領下の日本が置かれている状況をよく理解していました。

清水同様、英語力を買われて交渉チームの一人となった荒川健夫[*50]が後に語ったところでは、アダムスは非常に真面目な人物で、賄賂(わいろ)など受け取らず、ＧＨＱのメンバーがアメリカの法律を日本に輸入しようとしたところ、日本の実情に合わないと反対して中止させたこともあったそうです。交渉当初、清水は一日おき程度にＧＨＱ本部を訪問し、取引所を再開する必要性などを何度もアダムスに説きました。しかし、アダムスは、ＧＨＱの上層部には日本

上　トーマス・F・M・アダムス。サンフランシスコ証券取引所の元会員で、証券担当の民間専門家としてGHQで働いた。日本の証券事情をよく理解し、取引所再開に尽力したことから、東京証券取引所の歴史上ただ一人、「名誉理事会議長」の称号を贈られた。（日本証券経済研究所編『日本証券史資料　戦後編　第4巻―証券史談』所収）©日本証券経済研究所

下　東京証券取引所の戦後再開に大きく寄与した清水浩。語学力に加えて画才もある多彩な人物だった。東京証券取引所を退職した後は、平和不動産にて長らく取締役を務めた。（『平和不動産四十年史』所収）©平和不動産

人を信用していない人もいて、証券取引所を再開するにしても、まずは日本という国を信用してもらい、担当者同士が親しくなることが必要だと言うばかりで、清水は、取引所をどのように再開するかの交渉に入れませんでした。

そこで清水は、まずアダムスと親しくなって、GHQの誰が何を好きなのか、細かく聞き出します。すると、マッカーサーに近い副官は馬が好きであるとか、独占禁止法担当官は絵が好きであるといったことがわかりました。幸い清水は画家でもあり、兄の比庵と共に結成した野水会の賛助をしてくれた縁で日本画家の川合玉堂と懇意だったので、当時、奥多摩に住んでいた玉堂に何枚か絵を描いてもらえないかと相談に行きました。玉堂は清水の願いを聞き、馬の絵や風景画を描いて清水に渡しました。

その後、清水はアダムスに頼んで、マッカーサーに近い上層部と面談する機会をつくってもらうと、その席で「馬が好きと伺ったので、馬の絵を持ってきた」と言って玉堂の絵を渡しました。

この効果は覿面で、清水はGHQの上層部から信用を受けると共に、清水の英語が堪能なことから、英語が得意でない米国人から「上司に提出するレポートの英語を添削してほしい」などと相談を受けるような仲にまでなりました。当時、ほかに英語が堪能でGHQに出入りしていた日本人と言えば、白洲次郎を挙げることができます。清水は白洲の7歳年長、GHQ本部（第一生命館）は広い建物ではありませんから、二人が話をすることもあったかもしれません。敗戦後の日本でGHQと渡り合って実務上の復興の道筋をつけたのは、清水や白洲のような人たちでした。

GHQから信頼を得ることができた清水は、いよいよマッカーサーに取引所再開を諒解してもらうためのプロセスに入らなければなりません。どうすべきかと考えあぐねていたさなか、たまたま、山崎種二の誘いで、清水は日本画家の横山大観の自宅（熱海の伊豆山）を訪問しました。大観は明治元（1868）年生まれで、GHQ占領期には70代の老境にありました。

大観は、明治36（1903）年にインド、翌37（1904）年にニューヨークへと渡航し

上　バンカー大佐と川合玉堂らの写真。バンカー大佐は、GHQにおいてマッカーサーに次ぐ副官の地位にあった人物で、日本の芸術に高い関心を示した。©日本取引所グループ

右上　清横山大観「日の出」。戦後の証券市場再開に関し、GHQとの橋渡し役となった横山大観の絵。大観は、取引所からの要請に応じ、多くの日本画を描き取引所経由でGHQに贈呈した。「日の出」は、証券市場再開後に山崎種二から東京証券取引所に贈られたもの。©日本取引所グループ（撮影・中島伸浩）

右下　川合玉堂「馬」。GHQとの交渉役だった清水浩が、馬好きの高官に贈るために贈呈する目的で、玉堂に依頼して描いてもらった絵の1枚。絵の贈呈により、証券市場再開の交渉は大いにはかどった。 ©日本取引所グループ（撮影・中島伸浩）

て、現地で自分の絵を売って生活した人で、日本国内よりも先に海外で評価を得た日本画家でした。そのため、英語の日常会話や手紙には困らず、ＧＨＱ本部に赴いて米国人と酒を酌み交わしたとも言われています。

さて、清水と山崎が伊豆山の家に到着し大観を待っていると、大観は英語の手紙を持って現れました。清水は好奇心もあって「先生、それは誰からの手紙ですか」と聞くと、「これはマッカーサーの副官のバンカー大佐だよ」と大観は事もなげに教えてくれました。

清水はあっと驚き、「先生、バンカー大佐を私に紹介してくれませんか。今、取引所再開の問題で行き詰まっていて、マッカーサー元帥との個人的な伝手を探していたのです。バンカー大佐と知り合いになれるとありがたいのですが」と清水は勢い込んで頼み込みました。

大観は笑顔で答えます。

「それでは大観の友人だと言ってバンカー大佐と会ってきなさい。紹介状も何もいらん。わしの名前を言えば充分だ」

果たして清水がＧＨＱを訪問し、受付の日本人女性にバンカー大佐の名前を告げ、「大観の友人だ」と言い添えると、魔法のようにバンカー大佐が待っている（マッカーサー元帥も使っている）応接室に通されたのです。清水はバンカー大佐と絵の話題で盛り上がったあと、応接室に飾ってあった絵が部屋に相応（ふさわ）しくないと言い、大観の絵と交換したいと切り出しました。大観は欧米の絵画好きの間では有名でしたから、バンカー大佐も大いに喜んだそうです。それ以降、取引所の再開についての交渉スピードが急速に速まりました。

先に紹介したように、交渉官のアダムスは日本に理解を示す立場でしたので、財閥解体や証券民主化で株式所有構造が大きく変化した状況などを見て、上司のマッカートやマッカーサーに取引所の早期再開を助言してくれたのかもしれません。何はともあれ昭和24（1949）年1月、マッカーサーから、取引所規則などの準備が整えば、取引所を再開してもよいとの声明が出されました。清水らが待ちに待った知らせでした。

昭和24（1949）年2月、東京で集団売買をしていた証券業者が集まり、東京証券取引所設立準備委員会が開催され、同年2月12日には設立総会が開催されました。GHQ主導で新たに制定された証券取引法（昭和22〈1947〉年制定・23〈1948〉年全面改正）では証券取引所が会員制だったので、戦後の証券取引所は会員制でスタートすることになりました。

また、取引所の定款（ていかん）は、アダムスが勤務していたサンフランシスコ証券取引所の定款を翻訳したものを使いました。現在の東京証券取引所の定款は、株式会社化などの際に大幅に変更していますが、当初の定款は、「サンフランシスコ」を「東京」に直した程度で、サンフランシスコ証券取引所の定款をほぼそのまま使っていたそうです。

一方、売買方法の基礎となる業務規程は、戦前のものとは大幅に変更となりました。GHQは、日本の証券取引所で行われていた清算取引（個別株先物取引）は実需を伴わない取引も含まれているために投機的であるとして禁止し、実物取引のみを認めました。これには証券業者から強い反発がありましたが、GHQは取引再開の直前に「証券三原則」という明文化された指令を出して厳命しました。このあと、株式の先物取引が認められるのは昭和62（1987）年になってからですから、再開までに38年もの歳月を費やしたのです。

こうして、新設の東京証券取引所による取引所取引の再開準備は整いました。東京証券取引所は今でも大観の絵を保有しており、毎年1月だけ一般公開しています。取引所再開の立役者が日本画だったというのは、いかにも日本ならでは、と言えましょうか。

横山大観は昭和33（1958）年、川合玉堂は昭和32（1957）年にそれぞれ亡くなりました。

6　平和不動産は戦前の取引所の承継者

昭和22（1947）年、新たに証券取引法が公布され、戦時金融機関性を持ったそれまでの日本証券取引所を解散することになりました。日本証券取引所は、昭和18（1943）年6月、旧東京株式取引所ほか10ヵ所の株式取引所を統合合併し誕生させた組織で、出資割合の4分の1を政府が保有し、役員は政府が任免するという特殊法人でした。

日本証券取引所の解散に伴い、取引所再開運動は性格を変えて、新たに証券取引法による証券取引所を設立し、取引を開始するという方向に舵を切り換えました。新法による証券取引所は会員制法人のため、改めて会員からの拠出により設立されることとなり、日本証券取引所の資産や出資者を引き継ぐことはできません。

そこで、日本証券取引所を、新設される会員制の証券取引所に取引所建物を貸す不動産会社に変更し、再出発を図ることとしました。これが現在の平和不動産株式会社で、業態も名称も異なりますが、明治11（1878）年に設立された全国の取引所の系譜を受け継ぐ承継

日証館ビル。昭和3（1928）年築、地上7階、地下1階のオフィスビル、横河民輔の設計によるもの。建設後約90年が経過するが、純白の外装を維持する壮麗な建築。建築当初は、「東京株式取引所貸ビルディング」とされ、会員証券会社が入居していた。（平和不動産提供）©日本取引所グループ

会社です。

平和不動産の設立に際し、日本証券取引所の出資者約3万9000人に平和不動産の株式を3対1の比率で割り当てましたので、設立当初から平和不動産は株主数が4万人近い大きな規模の会社となりました。取引所建物を保有する会社ですから、証券業者間で株式を分けて非上場で持ち合っていればよいという意見もあったそうですが、『平和不動産四十年史』によれば、売買高に応じた賃料収入が取引所から入るという仕組みにしたことで、実質的に取引所と変わらない収益構造となり、戦前に最も売買され指標銘柄[*51]であった取引所株式のように活発に売買されるのではないかとの思惑から、出資者に株式を割り当てて、上場させたと伝わっています。

こうして誕生した平和不動産は、取引所株式がそうであったように、一日の取引の最初と最後の締めの撃柝売買で扱われることになり、構造上[*52]、株式市況全体の変動に合わせるような値動きを続けていくことになります。

7 証券取引の再開——東京証券取引所の誕生——

昭和24（1949）年4月1日、東京証券取引所は会員制法人として出発を果たしました。立会開始は同年5月16日です。また、上場銘柄数は495社696種[*53]で、すべて戦前の日本証券取引所からの引継上場[*54]です。東京証券取引所が発行していた月間統計誌『証券』創刊号によれば、立会開始の月では日本発送電、関東配電、帝国石油などの復興に欠かせないインフラ系銘柄が活発に売買されています。集団取引を行っていた同年5月上旬の取引高上位と比較しても大きな変化がないことから、集団取引から取引所取引への移行は特に問題なく行われたと考えられます。

また、売買慣習も大きく変わりました。戦前の証券界は仕切り売買が主流で、取引所での

昭和24（1949)年5月の戦後初立会の様子。現在は当たり前になった時間優先の原則は、ここから導入された。©日本取引所グループ

価格を参考に証券業者と顧客が約定し、証券業者が取引所価格との差で利ざやを得るというものでした。取引所内の注文伝票はなく、口頭のみで記録も当事者の合意でしたから、都合が悪くなると「なしなし、これなしね」と売買の記録から削除してしまうというようなこともあったと言われています。

ＧＨＱは、こうした慣習は投資家保護に反しているとして、取引所再開にあたっては、「顧客注文を取引所へ直出し」、「時間優先」、「記録をつける」を徹底するよう証券界に指示しました。日本の証券業者は伝票など書いたことがない者ばかりです。売買開始日である5月16日の前日の日曜日には、ＧＨＱ立会いの下、伝票を使った米国式売買仕法を証券関係者に教え込む特別レッスンが行われたと伝えられています。

こうして昭和24（1949）年5月16日に売買が開始されたのですが、その後、朝鮮戦争特需で景気が上向きとなり、株式取引は増加の一途をたどります。昭和28（1953）年2月12日には、午前の立会いの売買照合が終わらないために午後の立会いが休業する事態となり、機械化待ったなしの状況が訪れます。

とはいえ、機械化といってもコンピュータというものがあるということは知られていても、自分たちの仕事をコンピュータに移すような開発ができそうな会社は、そう多くはありませんでした。*55

しかし東京証券取引所は、まだ計算機もない1950年代に、日本の金融業界においては初めてのコンピュータ化に挑戦することになるのです。

8　商法改正とコーポレート・ガバナンスの萌芽

証券民主化により個人投資家数が増大すると、株式を転売する場所、証券取引所の再開が一層急務になりましたが、同時に発行会社には個人投資家を向いた経営が必要となりました。

明治23（1890）年に公布（一部明治26〈1893〉年、ほかは明治31〈1898〉年に施行）された商法は、資本金の分割払込制度を採用する一方、会社の資金調達を株主総会で細かく決定しなければならず、株主総会中心型とも言える仕組みでした。株主総会中心型は、株主一人一人が会社の詳細な意思決定に関与できる点で民主的と言えますが、経営状況をよく知る取締役が機動的に経営判断できない課題もありました。

そこで、戦後に改正された商法では、授権資本制を導入し、取締役に一定の範囲であれば株主総会を開催せずとも資金調達を行い、経営に必要な判断ができるようにしました。

これは、わが国における本格的な企業統治「コーポレート・ガバナンス」の始まりと言えるかと思います。プロ経営者がどのように会社を統治するのか、その手腕が試される時代が到来したと考えられます。

しかし、昭和30年代（1955年〜）に入り高度成長期が訪れると、収入が増えた勤労世帯からの銀行預入額が増加すると共に、株価が上昇基調となり、銀行は融資先の株式を第三者割当や市場買付けにより入手・保有するようになります。

こうした変化は東証の株式分布状況の調査結果で裏付けられます。昭和24（1949）年に69・1％を記録した個人株主比率は、昭和60（1985）年には25・2％まで下落した一方、同期間の金融機関の保有株式割合は9・9％から40・9％まで上昇を見ています（東証調べ）。

少数の金融機関等が多くの株式を保有する状況について、著名経営者の松下幸之助は、昭和40（1965）年に『実業の日本』と『PHP』誌上で始まった連載記事「あたらしい日本・日本の繁栄譜」の中で、「現状としてはやむをえない面がある」としつつも、「決してのぞましいことではない」とし、株式の大衆化を主張します。確かに、株主の中には、株主総会で何回も質問したり、会社に対して高い要求を突き付ける者もいますが、株主というのは、「株に投資することによって国家の産業に参画し、その発展に寄与奉仕するといういわば尊い使命をもっている」のであるから、双方が真摯に向き合わなければならないと説きます。

松下幸之助は、少数の金融機関しか株主がいなければ、会社は金融機関にとって利益になるような経営をしてしまい、いずれ大衆から見放されて収益が低下することを危惧していると思われます。そのため、価値観の異なる多くの個人株主を持ち、社会全体にとって利益となるような経営を心掛けるべきだと説いているのです。

誰しも耳が痛い意見は聞きたくないものです。それをあえて聞いて経営に臨むという姿勢が、現代の経営者にも求められているのかもしれません。

9 山崎種二

戦前から戦後の復興期に活躍した証券人の一人に、自著『そろばん』を刊行した山崎種二がいます。証券人であり美術収集家として知られた種二は、兜町に美術館を開きました。

種二は、明治26（１８９３）年2月、群馬県甘楽郡岩平村（現在の高崎市吉井町）に生まれ、明治41（１９０８）年、数え16歳の時に上京します。深川で廻米問屋を営む山崎繁次郎のところへ奉公に出たことで、種二は米相場の知識を得ることができ、株と米の両方の相場に取り組むことになります。

戦前、深川には深川正米市場（現在の江東区佐賀町）があり、神田川正米市場（現在の千代田区神田佐久間町）と並んで、東京の米取引の中心地でした。正米市場というのは、米の現物取引を行う市場で、江戸時代に日本の金融市場の発祥となった堂島米会所とは性格が異なります。山崎繁次郎商店は、主に仙台や鶴岡などの東北から米を仕入れ、それを米問屋に販売する仕事をしており、常に一定の米在庫を抱えることから、米価格下落時に備えて先物を売り建てます。

種二は、山崎繁次郎商店で丁稚として働き、日々、深川正米市場から商店の倉庫へ米俵をかついで運搬する仕事をしたり、荷車引きをしたりしていました。そのうち、熱心な働きぶりが認められ、山崎繁次郎商店の市場部長として米相場を任されるまでになりました。大正13（１９２４）年7月、16年間の勤めを終えて独立し、廻米問屋山崎種二商店を立ち上げます。米相場にも参加しますが、しかし米の統制が進み始めると、昭和8（１９３３）年には東京株式取引所の一般取引員となって株式相場にも参加し始めました。

種二の取引の戦略は、「株式の売りつなぎ、米の買持ち」でした。株式は種二の経験から得た考え方によれば、年に一度か二度は下がる時があるので、それまで証拠金を入れてつないでおけば比較的利益が出やすい。一方、米は1年単位の商品なので、短期的な相場変動があり、高値で売り抜ければ利益になるし、値段が上がらなくても米現物を商売で扱っているので処分には困らないというものでした。

種二が廻米問屋を始めた大正後期は、株式相場が全体的に低調で、年号が改まった昭和2（1927）年3月15日には、片岡直温蔵相の失言がきっかけで東京渡辺銀行が休業、それを契機とした史上空前の金融恐慌に突入した時期でした。不況を脱しようと、昭和5（1930）年には金輸出が解禁されますが、翌昭和6（1931）年9月18日には満州事変が勃発、12月に改めて金輸出が再禁止されるなど、政策が二転三転する状況に、種二は相場が下がると読んで〝売り玉〟を積んでいました。

昭和11（1936）年2月、種二の予想に反して相場は上昇を続け、種二は証拠金の積み増しに苦しめられていました。当時の株式取引は清算取引ですから、思惑と逆に相場が動くと証拠金を積み増す必要があります。

「まいったな、今日も新東[*56]が上がっているじゃないか。いったい追証[*57]はいくらになるんだ」

「来週はもうだめか」

種二は店に顔を出すたびに追証のための金策を口にし、売れるものは全部売って店を手仕舞いするといくら残るかという計算までしていたそうです。

そうした折、種二に僥倖（ぎょうこう）が訪れます。二・二六事件の勃発です。陸軍青年将校を先頭にした1400名ほどの蜂起部隊が、首相官邸、斎藤実（さいとうまこと）内大臣私邸、高橋是清（たかはしこれきよ）大蔵大臣私邸などを一斉に襲撃したのです。陸軍蜂起の知らせは東京中を駆け巡りました。種二は、兜町の店に入ると、すぐに店の小僧から知らせを聞きます。

「ほんとかね、そりゃ身震いするよ」

と寒そうに外套を前で合わせますが、実のところ、種二は武者震いがどうにも止まらなかったそうです。内乱は売り、今日から暴落が始まると思うと、自分にツキがあることに震えが止まらなかったのです。

果たして、種二の思惑どおり、東京市場は暴落を始めました。種二が追証を払って維持し続けてきた売り玉が宝の山になりました。この時、種二は巨利を得て、「売りの山種」の名を天下に轟(とどろ)かせたのです。

種二は生来の相場好きでしたが、相場師には珍しい事業家であり、美術収集家でもありました。戦時中は、立川航空廠のすぐそばで東亜飛行機という軍需工場を経営し、国際自動車の前身である東港自動車も買収して経営していました。それら以外には、中国の海南島の開発会社である海南拓殖会社、山下汽船との合弁会社國洋汽船を設立し、タンカーを3隻建造するなど幅広いビジネスを展開していました。後にいずれも売却していますが、およそ証券業とは縁がない業種ばかりでした。

また、種二は日本画の収集家としても知られていました。「絵は人柄である」という信念のもと、横山大観、川合玉堂、奥村土牛らと直接交流を持ち、現在では高名となった画家から多くの絵を買い集め、昭和41（1966）年、兜町に山種美術館を開館しています。清水浩との縁も、浩の兄、清水比庵を川合玉堂から紹介されたことに始まります。GHQとの取引所再開交渉では、種二が自らの日本画コレクションを惜しみなく利用したことで、GHQとの良好な関係が築け、そのこともあって、取引所再開が実現しました。種二もまた、戦後証券市場誕生の立役者の一人と考えてよいでしょう。

種二の死後、山種美術館は東京・広尾へ移転するのですが、その中には、重要文化財に指定されている速水御舟「炎舞」や「名樹散椿」などの名作が含まれています。

晩年、種二は、入院中のベッドの上でさえ株式売買を指示するほど、生涯を通じて相場を愛していました。享年90歳。明治、大正、昭和の米屋町と兜町を駆け抜けた人生でした。

10　取引所ビルの変遷

証券取引の歴史の舞台となった東京証券取引所の建物についてご紹介します。

東京証券取引所が現在のビルになったのは昭和59（1984）年のことで、それ以前は東京株式取引所時代の昭和2（1927）年12月に竣工した取引所ビル（旧ビル）がありました。旧ビルは、大正12（1923）年に発生した関東大震災で、それまでの取引所の建物が焼失したため、それに代わる建物として建設されたものです。

旧ビルは、三越本店も手掛けた横河民輔が設計し、清水組が施工しました。市場棟と事務所棟に分かれ、市場棟は敷地1120坪（約3700平方メートル）に地下1階、地上3階、事務所棟は敷地1055坪（約3487平方メートル）に地下1階、地上7階で構成されていました。

市場棟の建築様式は近世ルネサンス式。長辺62メートル、短辺31メートル、高さ15メートルという体育館並みの広さの無柱の空間を備え、外壁を花崗岩、立会場の内壁は山口県産薄雲大理石、イタリア産金紋黒色大理石で飾り、天井にはステンドグラスの天窓を配した、それは豪奢なものでした。立会場の床はチーク材、その他は廊下、トイレに至るまで大理石を使用しています。

東京株式取引所は、兜町の象徴であるだけでなく、日本経済の象徴ともなりますから、世界に誇れる質の高い建物にしなければ、という意気込みが伝わってきそうです。獅子文六の小説『大番』では、主人公の「ギューちゃん」が東京株式取引所を見て「ヨロイ橋の袂に立って、白亜円形の本館を仰ぐと、日本海軍の新式戦艦が、波を蹴って大洋に出ていく姿と、よく似た威勢があった」と表現しています。

内部は立会場と事務棟から成り、立会場を見下ろすように2階部分に「参観席」が設けられました。現在も無料で実施している取引所見学はこの旧ビル建築後から始まったようです。

相場情報を取引所外部に発信する設備が初めて設けられました。当時は同報電報作成装置と呼ばれ、公債や株式の価格が決定した都度、立会場内の発信所から仲買人の店舗、新聞社など向けの電報を作成するものでした。電報自体は郵便局から飛ばす必要があることから、取引所と日本橋郵便局を結ぶエアシューターを地下に構築、空気の力で郵便局に電報文を送付していました。

同じ頃、昭和10（1935）年に竣工した大阪株式取引所市場館（平成16〈2004〉年高層ビル化）も、壮麗な建築物でした。市場館と事務棟に分かれ、市場館は、2000人にのぼる売買業務関係者を収容できる大きな無柱の空間が設けられ、天井高15メートルの天井が広がっていたそうです。昭和59（1984）年に竣工した東京証券取引所の市場館の天井高が15メートル、東京株式取引所も同じでしたから、東京と並ぶ天井の高い建築物だったようです。

大阪株式取引所市場館の設計を担当したのは、現在の日建設計の前身となる長谷部・竹腰建築事務所、施工は、この建物が初の大型案件であった大林組でした。

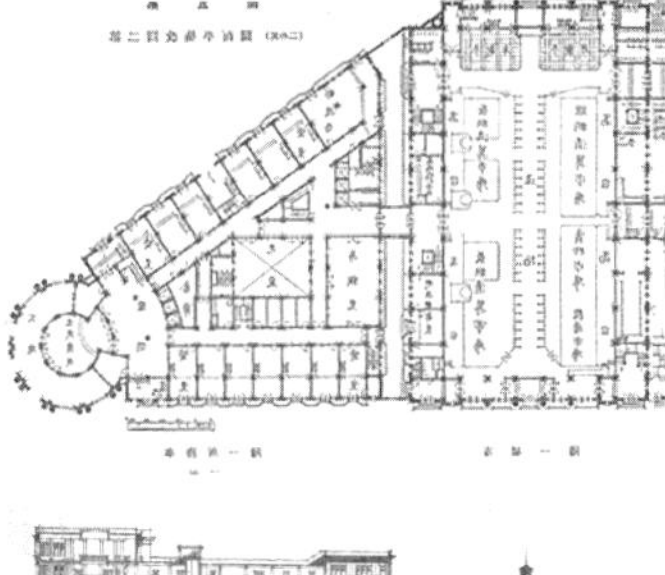

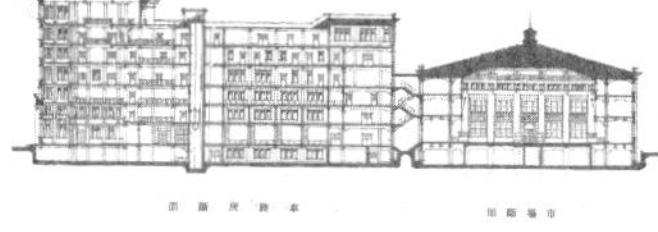

上 現在の東証ビル建設に伴って解体された旧市場棟の内部。天井のステンドグラスは採光に加えて「青天井」を象徴し、株価の値上りを願っての設計だった。©日本取引所グループ

下左 旧東証ビルの前面ファサード。昭和2(1927)年、三越本店を手掛けた横河民輔を設計者に招き建設されたもの。©日本取引所グループ

下右 旧東証事務所棟と旧市場棟の設計図。©日本取引所グループ

上　昭和10(1935)年に竣工した旧大阪株式取引所ビル。2年の歳月と延べ16万人の労力を費やした。撮影年不詳。©日本取引所グループ

下　現在の大阪取引所ビル。旧ビルの意匠を受け継ぐと共に、外壁やアトリウムの内装・玄関扉等には旧ビルで使用されていた扉を移設するなど、建築遺産の保存に取り組んだ。設計者は日建設計の前身となる長谷部・竹腰建築事務所、施工は大林組。©日本取引所グループ

内部はイタリア産の大理石を用いた優雅な空間で、同時期に建てられた東京株式取引所同様、威厳を感じさせる建物であったということです。

現在の東証ビルは、昭和２（１９２７）年に竣工した東株ビルを更新すべく、昭和57（１９８２）年11月から昭和63（１９８８）年4月まで、6年の工期をかけて建設されました。建て替え前の東株ビルは壮麗な佇まいで証券界のシンボル的存在でもありましたから、建て替えに慎重な意見も多く、建て替えが決まるまでに長い議論が行われました。その結果、東株ビルで使われていた柱、扉、ステンドグラスをそのまま保存して新しいビルに採用するなど前の建物の美しさを活かす工法が採用されました。現在の東証ビルの、東口天井にある扇形のステンドグラス、北口にあるイオニア式柱、西口にある玄関扉は、東株ビルから移設したものです。

設計者は三菱地所株式会社、施工は大成建設株式会社などの建設共同体（ＪＶ）が担当しました。新しい東証ビルの外壁は、東株ビルと同じく花崗岩の最上品「稲田石（茨城県笠間市産出）」を用い、東株ビルに劣らない重厚感を出しました。

株券売買立会場は、１５００人以上が長時間働くことになるため、様々な工夫を凝らしました。床材は、堅すぎて疲れたり、足元から冷えたり、歩行時に滑ったりしないように、機

上左　東京証券取引所東口正面。

上右　東京証券取引所東口内。15メートルに及ぶ吹き抜けの扇形空間に、太陽を賛美する少女像が舞い立つ。桑原巨守「讃太陽」(ブロンズ製)。

下　東京証券取引所中央ロビー。横10メートル×縦2メートルにも及ぶ巨大なレリーフが出迎える。株券売買立会場の喧騒と手サインをモチーフにした作品。一色邦彦「集いのとき」(ブロンズ製)。(撮影・中島伸浩)

能面を重視し、東京工業大学の小野英哲助教授（肩書は当時）の協力を得て、新素材の開発に取り組みました。テストを繰り返した結果、カバザクラにプラスチック樹脂を含浸させたＷＰＣ（ウッド・アンド・プラスチック・コンビネーション）を採用しました。現在でも一部を見学コースから見ることができます。株券売買立会場の照明は、ハロゲン灯、白熱灯、蛍光灯を組み合わせて、目が疲れないように工夫しました。

それらの建設費用は３６６億円でした。これは、都市銀行本店並みの高いグレードで建築した場合の想定費用３１２億円を上回る金額です。建設当時の関係者へのインタビューでは、「建設費用が高いと言われた第一勧業銀行本店ビル（現みずほ銀行本店ビル）を上回る建設費用をかけて、証券界の象徴としよう」という意見もあったそうです。

11　バブル期のある日の株券売買立会場
――立会場の華「笛吹き中断」――

１９８０年代後半から１９９０年代の初期は、いわゆるバブル景気の真っただなか、株券売買立会場は混雑と繁栄の絶頂にありました。

平成元(1989)年頃の株券売買立会場。立会場には1500～2000人がいたとも言われるが、立会場事務合理化システムの導入で人手が不要となり、景気悪化と共に、次第に閑散となった。©日本取引所グループ

約485坪（約1600平方メートル）、テニスコート4面程度の株券売買立会場には、当時2500人ほどの屈強な場立ち（証券会社の立会場専門職員）がひしめき合っていました。

立会場は、ハイカウンター[*58]で囲まれた4個の立会ポスト[*59]と、その周囲を取り囲む場電席というものから成っています。ハイカウンターで囲まれたポストの内側には証券会社の売買を仲介する才取会員がずらりと並び、そのさらに内側に、取引所の職員が配置されていました。

場電席は国技館のマス席のように外側が上にせり上がり、各証券会社が陣取っていました。場電席には、株券売買立会場内と場電店と呼ばれる各証券会社の支店・本店とがつながった回線が敷設され、立会場の場立ちの責任者のヘッドセットやプリンターから打ち出される注文伝票などを通じて、顧客の注文や証券会社のトレーダーの注文が株券売買立会場に伝達される仕組みになっていました。場電席の高いところに陣取る場立ちの責任者は、注文があると、各社独特の野鳥のような大声をあげて、下の立会ポスト付近にいる自社の場立ちを呼びます。高い天井で音が反響する立会場内では、○○君などと呼んでもまったく聞こえません。2000人以上の人がざわめいている場所では、まるで山鳥が鳴くような音を立てないと、場耳に入ってこないのです。また、注文の執行はとにかく急がなければいけないのですが、場内があまりに混んでいて移動すら大変なので、伝票をいちいち持って行くことができない場合が多く、手話のような手サインを用いて、呼び寄せた自社の場立ちに注文を遠くから伝達します。その意思の伝達の速さと正確さは目を瞠るほどで、ベテランの場立ち同士だと、目まぐるしく手のひらと指が宙を舞うだけで、瞬間に大量の情報の交換ができていました。

その頃の株券売買立会場は、朝から殺気立っていました。なにせ、彼らがある銘柄の株式について実際に売買できる場所は、その銘柄の板[*60]の前だけなのです。およそ1メートルに満たないその板の向こうにいる担当の才取会員に自分の注文を伝えない限り、自社の顧客の注文も、自社の自己商いの注文も執行することができません。その前提となる板に書かれた注文状況を見ることさえ叶わないのです。そういう事情で、各証券会社は、元相撲選手、元アメリカンフットボール選手や元ラガーマン、あるいは元バスケットボール選手といった、体が大きくて頑丈な人を場立ちとして選んでいました。人気の銘柄の板の前では、朝から陣取り合戦となります。場立ちはそうしてポジションをとって、場電席と板の双方に注意を払い、板に大きな変化があれば、場立ち側が場電席を例の呼び声で読んで、板の情報を伝達するのです。その情報は逆向きに場電席から場電店を通じて証券会社の各支店に伝わり、それが最終的には証券会社の店頭や営業マンを通じて素早く顧客に伝えられていました。

場立ちから注文を受け付け、板にその注文を書きつけ、売買を取り仕切るのは才取会員という証券会社同士の売買仲介を専門に行う証券会社（実栄証券）の社員です。東証職員は売買には加わりません。才取会員の背中越しに、床に置かれた木箱にのって一段高いところから取引を監視しながら、板で約定する株価をかたわらの株価入力装置に入力していきます。東証職員が入力した株価は、株価ボールド装置という立会場の上部壁面に張られた黒い装置に5つ前の株価までが縦に並んで白い数字で表示される仕掛けです。

そんなバブル期のある日の株券売買立会場の様子を次に再現してみましょう。

時は平成2(1990)年7月。バブル崩壊という言葉はささやかれ始めていましたが、誰もが本格的な景気後退など起こらないとまだ信じていた、いつもの朝です。

今日の注目は富士フイルム株式。数年前に5000円(売買単位は1000株)という大台[*61]の株価に到達した後、しばらく5000円台から遠ざかっていましたが、久々にその日、5000円に限りなく価格が接近していたので、立会場の誰もがその売買に注目している状況です。大手証券会社の場立ちたちは早くも仁王立ちし、ひっきりなしに届く大口注文[*62]が入り、いやが上にも期待が高まります。

売買開始前、すでに場立ちで黒山の人だかりになり、場立ちたちの顔には大粒の汗が浮かんでいます。板が見えない場立ちは、他社の場立ちの手サインを賢明に追います。「寄りつき[*63]はいくらなんだ?」という場電席からの質問の手サインがひっきりなしに、場立ちの視線

上　平成元(1989)年頃の株券売買立会場。写真奥が証券会社ブース、手前が場立ちの集まるポスト。©日本取引所グループ

下左　1万株の手サイン。©日本取引所グループ

下右　上場の鐘。昭和10(1935)年頃まで、取引所ビルの屋上で時刻を告げる鐘として使われていたもの。現在は、新規上場会社が上場時に5回打ち鳴らしている。©日本取引所グループ

に飛び込んできます。どうやら4990円の売り物[*64]のようですが、よくわかりません。才取会員が抱えるようにして書き込む注文を賢明に読み、暗算し、なかには顔見知りの才取会員のベテランに脇から、

「いくら？　いくら？」

と懸命に聞く場立ちもいます。こういう状況では、担当者の才取会員以外はよくわかりませんし、当の才取会員も数人がかりで懸命に注文を板に書き続けていますから、いちいち状況を伝えられません。それでも、彼らは職人技で、寄りつきの状況がわかってきます。

親指と人差し指で数字の9をつくるようにして手サインで数字の9をつくり、手のひらを外側にしっかりと向けて、担当の才取りは手を横に激しく振ります。

「90円ヤリ!!（売りの意味）」

4990円で始値がつきそうだ。4990円での売り物が寄りつきで残るぞと言っているわけです。

午前9時の売買開始後、5分くらいこうしてもみ合ったあと、寄りつきは4990円がつきました。あとは奇声と怒号が炸裂します。

「取引所、90円！」

才取会員は背中にひっついている取引所職員に間近で怒鳴り声をあげます。それでも聞き

漏らしそうな喧騒です。4990円が入力されて株価ボールドに表示されると、その瞬間から世界中にその株価が伝達されていきます。場立ちの怒号が耳を圧し、10センチの距離でも声が聞き取れない状態です。場立ちたちは、最初の値段のインパクトが伝わった後の注文に備えます。90円の売り物は何枚[*65]残っているのか？　いや、それどころではなく、まだ板に書いてもらっていない注文がある。あるいは、寄りつきで約定した注文のなかで、自社の約定がどれだけあるのか？　確認しなければならないことが山のようにあります。

もう少しで5000円です。場立ちの中には、興奮のあまり板に注文を書き込む才取会員の担当者の腕をつかむ者が現れます。才取会員は富士フイルム板の担当者の両脇にベテランを配し、つかみかかる場立ちの手を払いのけたり、押されて寄りかかる場立ちを力尽くで押しのけています。まるでラグビー場です。

「手をつかんでんじゃねーよ」

「センマイ（1000枚）買う！　センマイ買う！」

「うるせーよ。聞こえてるよ。わかったから待てって言ってんだろーがっ」

こんな感じです。

板なんかまったく見えなくなっています。すると、人だかりの遠くから悲鳴のような叫び声と共に、一段高い場所にいる東証職員に手サインが飛んできます。

《東証!!　売り物はいくら残ってんの？》

東証職員はそれに応じる義務はないのですが、もはや殺気立っていて混乱が生じかねないので、東証職員や才取会員のベテランがサービスで場立ちに手を振って（手サインを出すという意味）その時の売り買いの気配や注文枚数を教えることもあります。それが一斉に場内に伝わり、場内で実況されるラジオの短波放送に乗っていくわけです。さらに混雑してくると、もはや才取会員担当者のすぐ背後で約定値段を見ている東証職員にしか板が見えなくなってきます。そうなると、場内2500人の視線が東証職員が頭上で振る手サインに一気に注目が集まる状況が生まれます。

《東証!!　90円ヤリ（売り物）はあと何枚？》

東証職員が手サインで9の字をつくり、手のひらを外に向けて振ると、90円の売り物がまだある「90円ヤリ」の状況が継続していることがわかります。ある瞬間、4990円の売り注文があと残り300万枚（株）とわかりました。手のひらを外に向けて右手で3をつくり、左手でゼロをつくり、左手を一回左に動かす。これで残り300万枚であることが一斉に市場に伝わります。

90円ヤリ残り、300万株！！

大手証券の場電席の場立ちが、椅子の上に立ち上がります。いつもの声で自社の場立ちを呼びます。一瞬、他社の場立ちも含め、一斉にそれを見る……。彼の手サインは、両手で抱きかかえるようなサイン。

《全部買え‼》です。

もうパニックです。「買った買った！」の怒号以外は何も聞こえません。それでも、場慣れした才取会員は肚を据えて売り物を待っています。

「買った買った、うるせえよ！　わかったわかった。今はこっちは売りモン待ってんだ、おう、売りモン出せよ。ねえのかよ！」

そうして、売買の錯綜はピークを迎えるのです。買いに押されて粘っても売り物はすぐに尽きます。担当の才取会員が全部買った証券会社の場立ちの腕を捕まえて、

「４９９０円で３２０万株売ったよ‼」

突然、一瞬の沈黙が訪れます。４９９０円の売り物が、今、なくなったのです。そしてあっという間に90円の買い残り注文が大量に板に記載されていきます。頭上に上げられていた東証職員の90円ヤリの手サインはいったんすっと下ろされ、今度は手のひらをしっかりと内向きにした90円の手サインが頭上に上げられます。

「90円カイ！」

場内から一斉に掛け声が飛ぶ、２５００人から割れんばかりの拍手。ベテランの東証職員

でも鳥肌が立つ瞬間です。誰かが1000株（最小売買単位）買いにくれば、5000円の値段がつく状態になっています。

拍手が鳴りやむと、一瞬、静寂が訪れます。ここで、証券会社が自己商いで5000円を買うのはルール違反。客注が静寂を破って飛び込んでくるのを待つのみです。そこに、

「1000枚買う」

顧客の注文を握りしめた若い場立ちが、紅潮した表情で甲高い叫びをあげます。

「おし、お前に1000枚売った。5000円だ！　取引所、5000円！」

東証職員が5000円を株価入力装置に入力すると、株価ボールド装置に5000円と表示されます。

「ごせんえーーーん！」

拍手、拍手、拍手。立会場にいる誰もが自分の血液が沸騰してくるのを実感する瞬間です。あとは5000円を挟んだ売買の大怒号に心地よく飲まれていきます。こうなると才取会員といえども売買を裁けなくなります。売買の切れのいいところで、才取会員の責任者とそのポストの東証職員の責任者がアイコンタクトで頷く。担当の東証職員の背中が叩かれます。

「笛だ!!」

ピィーーッ。立会場いっぱいに、東証職員が吹いたホイッスルの甲高い音が響き渡ります。

これは笛吹き中断と言い、売買の錯綜、つまり大量の注文による取引の混乱をいったん鎮め、整理するために許された売買取引の一時停止を意味します。

まさに、この笛の音が鳴り響き、一時中断の二重線が株価ボールド装置に表示された瞬間、誰もが拍手をして、大商いを祝います。これこそ、まさに市場の華でした。バブルと言われた頃は、日に何度も〝笛吹き中断〟がありました。

さて、こういった華やかな市場は、別の見方をすれば、人の手での売買の限界を示してもいました。日に何度も中断していては、証券会社も顧客の注文執行の機会が減ってしまいますし、手書きの板から場帳と呼ばれる約定を記録した帳面に取引を書き写す才取会員の仕事が、いつまでも終わらなくなってしまいます。こういった事情もあって、取引所の全面システム化は待ったなしの状況になり、平成２（１９９０）年に「立会場事務合理化システム」が導入され、平成11（１９９９）年12月には、株券売買立会場は全面自動システム化され、閉場となります。

当時の立会場にいれば、誰もが相場の値動きや売買代金が肌から伝わってくるような感覚を実感できると言われていました。これを、場の味と書いて、〝場味〟と言う人もいました。

東証アローズ全景。株券売買立会場をリニューアルして平成12(2000)年にオープンした。中央にあるガラス構造体が「マーケット・センター」と呼ばれる売買監視ブース。(撮影・中島伸浩)

いわば、五感で相場を感じることができたのです。

コンピュータによる取引の自動売買化によって、証券市場は、売買の正確性と効率性を獲得した代わりに、当時の市場には確かに存在した人間の五感で得られる商いの〝感触〟を失ってしまったのかもしれません。それは、〝立会場の華〟と言われたものも同様になくなったのです。

今日では東証アローズ内の一角を占めるマーケット・センターで、売買注文状況に応じて回転速度が替わる円周50メートルの電光掲示板「チッカー」が、立会場の〝華〟の名残を伝えています。

コラム 株券の紙はどうつくられるのか

株券[*66]は何十年も続く会社の価値を表象するものですから、耐久性に優れた特殊な紙で製造されていました。

株券に使われる紙は、福井県今立郡今立町（現在の越前市）で生産されていた越前和紙が使われました。江戸時代より前から、今立には手漉き和紙の技法が伝えられており、工夫を重ねていくうちに、ほかの地域の和紙では真似できない耐久性や光沢を持つ和紙

左 三井株式会社の株券。戦前に流通した代表的な株券の一つ。多色印刷、透かし等の技術によって偽造防止を図っている。©日本取引所グループ

右 大正年間の東京株式取引所株券。大きめA5サイズで、丈夫な和紙でつくられており、目立つ破れはない。裏面には株式の譲渡記録が記載されている。©日本取引所グループ

がつくれるようになったと言われています。福井藩が今立を所領としていた頃は、福井藩が藩札に今立の越前和紙を使用していたこともあり、藩命によりその製法は門外不出とされ、屑紙もことごとく拾って藩に届けたと言われるほど厳重に管理されていました。

明治時代になると、今立の越前和紙の品質の高さに目をつけた政府が、太政官札や公債に使用するための用紙として買取りを行いますが、公債の発行残高が増えてくると、より近代的な工場での大量生産を求め、今立の紙漉き職人を王子村（現在の東京都北区王子）に新設した紙幣寮抄紙局近辺に移住させ、必要な技術開発にあたらせました。そうして完成した紙が「局紙」で、手

漉き和紙の原材料である雁皮と楮皮に三椏を加えることにより平滑で印刷しても滲みにくい紙となりました。

局紙は、大量発行が必要となった金禄公債に使用されたほか、戦前に発行された株券で大いに使用されました。戦後になると、パルプを主原料とした紙に代わっていきますが、今でも戦前の株券が当時の姿のままで残っているのは、優秀な紙が使用されたからにほかなりません。さて、今立から王子村へ移住した人々はどうなったのでしょうか。

代表格の加藤賀門は、「昔からの紙漉きの秘法を他国に売り渡した不届き者」とされ、生涯、故郷の土を踏むことは許されなかったという話が『大蔵省印刷局百年史』に伝わっています。

コラム 兜神社

兜神社は、東京証券取引所本館の北、道路を挟んで反対側の首都高速道路の高架下に佇む小さな神社です。

江戸時代後期、鎧橋の袂には、兜町と小網町を小舟で渡す「鎧の渡」があり、船着き場付近に平将門の鎧を祀ったと言われる鎧稲荷がありました。また、鎧の渡から北側に

上　兜神社全景。南北に長い兜町の最北辺に位置し、日本橋川を背にして建つ。毎年4月初め、氏子ら関係者により例大祭が挙行される。定住の宮司はおらず、日頃は静かに佇んでいる。（撮影・中島伸浩）

下　兜神社の境内にある兜岩。源義家が奥州征伐に赴く際、兜をかけて戦勝を祈願した伝説が残る岩。（撮影・中島伸浩）

あった丹後田辺藩、牧野家の上屋敷内には、源義家が戦勝祈願に兜をかけたと伝わる岩（兜岩）がありました。

当時、兜町や小網町付近は石神井川の河口にあたり、そこから江戸湾へ漁に出ていたことから、漁師が海での安全を鎧稲荷に祈願するようになったそうです。

明治4（1871）年、牧野家が上屋敷から退去し、その敷地を三井組が払い下げを受けて入地した後、三井組は鎧稲荷付近に東京商社[*67]の本社を建設するため、鎧稲荷を現在の兜神社の場所へ移設、そこにあった兜岩と共に「兜神社」として祀ることにしました。

ただ、三井組は商売が家業ですので、もともと鎮座されているお稲荷様（倉稲魂命）に加えて、大国主命（大黒様）と事代主命（恵比寿様）を合祀することとし、逆に、兜岩に由縁のある源義家の祭祀は中止しました。

大国主命と事代主命は、三井家が信仰していた三囲稲荷神社（現在の東京都墨田区向島2丁目）の境内摂社である福神社から分霊してもらったものです。

そして明治11（1878）年、東京株式取引所の設立に伴い、取引所が兜神社の氏子総代となり、その頃から兜神社は、証券界の信仰を集めるようになったそうです。

コラム　立会場で売買された銘柄と手サイン

株券売買立会場で売買できる銘柄数は年代によって異なります。昭和24（1949）年の開業当初は全銘柄を株券売買立会場で執行していたと思われますが、昭和50年代（1975～1984年）に入ると、売買高と上場銘柄が共に増加し、人の手での処理が困難になったことから、次第にコンピュータ売買に移行されます。昭和60（1985）年5月以降は、当時の市場一部上場銘柄1454銘柄中、1204銘柄をコンピュータで売買し、株券売買立会場での取扱銘柄は250銘柄としました。その後、証券会社の社員のコンピュータへの習熟が進んできたことから、昭和61（1986）年11月に、さらにコンピュータ売買銘柄を100銘柄増やし、株券売買立会場での取扱銘柄数は150銘柄となりました。

従って、バブル絶頂の頃、株券売買立会場で売買されていたのは、150銘柄から250銘柄で、その銘柄数を売買するためだけでも2000人近い証券会社の社員が必要だったことになります。

次に、手サインについて説明します。先述したように、手サインが必要だった理由は、立会場内では声がよく聞こえないことと、立会場内での移動が混雑で大変だったからです。

株券売買立会場における手サインは、同じ証券会社の社員同士での連絡に使われるもので、細かくは、証券会社ごとに手サインの方法が異なります。とはいえ、どの証券会社も概ね似たような手サインを使うため、熟練の証券マンであれば、ほかの証券会社の手サインを読むことは難しくありませんでした。例えば、カマボコと呼ばれる場立ちが立会場にはいたのですが、カマボコとは証券会社の自己勘定で売買を専門にする場立ちで、特に特定の板に張りついていました。板に張りつくからカマボコと言われたわけですが、彼らの得意技の一つが、他社の発注の手サインを見て、張りついた地の利を活かして、その注文が実際に板に到着する前に先回りして注文を出して利ざやを稼ぐ手法だと言われていました。[*68] また、東京証券取引所の株券売買立会場で使われる数字の手サインは、築地市場で使われる数字の手サインと類似しています。これは、東京証券取引所の前身である東京株式取引所の仲買人には米商人出身者が多く、築地市場の仲買人の出自と共通点があったのでないかと思われます。

東京証券取引所の株券売買立会場で使われた手サインは、大きく分けると、証券会社名、銘柄名、数字の3種類があります。証券会社名は屋号が手サイン化されているものもありました。例えば、当時あった黒川木徳証券の屋号はマルキだったので、手で〇とキを書いて黒川木徳証券とするわけです。野村證券は、片手で何かを飲む仕草をするのがサインです。飲む（ノム）だから野村というわけです。銘柄名は売買されている全銘柄の分がありました。様々なパターンがあるのですが、業種特有のサインと個別会社の名前のサインを組み合せるというパターンは多かったように思えます。例えば不動産は、拝むポーズ。お不動様を拝むという語呂合わせからきているわけです。製鉄業は、手の甲を叩くポーズ。鉄と手では、テという音だけしか合っていませんが、ひょっとしたら、最初は手をつねっていたかもしれませんね。造船業はボートを漕ぐポーズで、これはわかりやすいですよね。電気はおでこを触ります。石油は髪、または鼻の頭を触ります。これは油と、鼻の脂、髪の脂を掛けていたと思われます。ですから、二本の指でおでこを触れば、日本電気だったわけです。商社の手サインはユニークなものが多かったようです。例えば丸紅は、指で○をつくってから人差し指で唇を指す。伊藤忠は投げキッスのポーズです。チューと伊藤忠の忠を掛けているわけですね。三菱商事は、指で数字の3を出して、その後両手のひらで菱形をつくり、最後に、両手で障子を開ける仕草をします。さらに変わった手サインとしては、日立製作所がありました。指で数字の4を出して軽く上にスライドさせます。シがタツ。シタチがナマって、ヒタチ……なのだそうです。

数字の手サインは、３が特徴的ですし、６、７、８、９も片手になります。３は親指と人差し指を折った３です。６は親指だけを立てます。７は親指と人差し指を立て、８は親指、人差し指に中指も立てます。９は先述しましたが、人差し指と親指で数字の９の輪になった部分のような形をつくります。ちなみに、10は、１の手サイン（人差し指だけを立てる）を横に細かく振ればいいので、こうやれば、20も50も出せるわけです。１００と１０００はちょっと厄介で、横に数字を滑らせるのですが、どちらが１００でどちらが１０００か、見分け方は状況や顔の表情や手を振る気合いでしかないようで、どうして正確に見分けられるのか、傍目にはもはや神業(かみざわ)にしか見えませんでした。

現在は全銘柄がコンピュータ売買なので、手サインは不要になりました。ただ、今でも立会場の文化というか名残のようなものが、取引所の職員の中にはかなり色濃く残っています。例えば、

「お昼一緒に行かない？」

「まる、です」

何気なく東京証券取引所の職員同士で今でも普通に交わされる会話ですが、意味がわかりますか？　まるというのは、ＯＫですという意味ではありません。元々は取引を取

り消すことを「まるにする」と言っていたことから、「だめだ」という意味で使われるようになったものです。つまり「お昼に一緒に行けません」という意味なのです。

いずれこういう言葉もなくなってしまうかもしれませんが、昔の風習や文化がなくなることを惜しむ声もたくさんあります。

２０１９年には、東京証券取引所の株券売買立会場が閉鎖されて20年になります。株券売買立会場の文化・伝統などをどのように後世に伝えるかは、今後の証券界の課題でもあります。

終わりに

――創造性豊かで、公共性、信頼性のある質の高いサービスを提供する、アジア地域で最も選ばれる取引所を目指して――

わが国証券取引所のルーツである大坂米市場から現在の証券取引所に至るまでの長旅にお付き合いいただき、誠にありがとうございました。

私たち日本取引所グループは、市場の公共性および信頼性を確保し、利便性や効率性および透明性の高さで、アジア地域で最も信頼される市場基盤を構築し、皆さまに創造的かつ魅力的なサービスを提供し続けたいと、日々、努力しております。これは株式市場の持続的な発展につながるだけでなく、豊かな社会の実現に貢献することだからです。

そうした使命から、振り返って、私たちがどのようなルーツを持ち、過去にどういった市場をつくろうとしてきたのかを皆さまに知っていただくことは、大変重要なことです。

江戸期の先人たちは、経済の根幹を担う米を貨幣に替える仕組みのなかで、世界最初のデリバティブ市場を創出しました。この市場は、各藩の財政を円滑にする働きをしていました。

明治期には、明治維新という政治と社会と経済の一大変革期において、江戸期に発達した米を根幹とした日本の経済・金融のシステムが新たな貨幣経済へと変化し、西洋型の資本主義の導入が急がれました。そうしたなか、先人たちは社会を支える重要なインフラとして株式市場の設立を成し遂げました。この市場の創設には、政府や政府に近い人々の強力なサポートがありましたが、明治という時代が生んだ多くの新興の経済人もこの市場創設に参画し、近代日本経済の発展に大きく貢献しました。

第二次世界大戦後の焼け野原のなか、先人たちは果敢にＧＨＱと交渉し、閉ざされた市場の再開に尽力し、日本経済の復興と発展の礎を築きました。

高度経済成長期、バブル期を経て、市場取引のボリュームは増え続けました。高度なコンピュータシステムの導入によって日々、市場ボリュームの拡大に対応しています。同時に、長年先人たちが培ってきた人の手を媒介にした市場の伝統は消え去りつつあります。

こうした歴史を振り返ると、市場が社会に与えてきた影響は、とても大きく重要なものでしたが、必ずしも問題がなかったわけではありません。

「市場とは全能でも、全知でもなく、偏在的でもない。人間的な不完全性を伴った、人間による発明物である。市場は魔法や、ついでにいえば、ブードゥーによって機能しているわけではない。市場は、制度、手続き、ルール、慣習を通じて機能する」

と、ジョン・マクミラン教授（スタンフォード大学経営大学院）は、その著作『市場を創る』で述べています。私たちの歴史もまた、このことを教えていると思います。

私たちは、歴史からよく学び、良い制度、良い手続き、良いルール、良い慣習を維持し、さらに発展させながら、私たちが目指している取引所の実現に邁進していきたいと思います。

この本をつくるに際して、監修をいただいた鹿島茂先生、証券市場の歴史全般に貴重なご意見をお寄せいただいた公益財団法人日本証券経済研究所名誉研究員 小林和子先生、江戸時代の米市場を中心にご教授いただいた神戸大学 高槻泰郎准教授、今村清之助に関する取材にご協力いただいた高森町歴史民俗資料館 松上清志館長、今村家の今村雄冶さま、由紀子さま、本間宗久および本間光丘に関する取材にご協力いただいた本間家第19代当主・本間万紀子さまとご関係者の皆さま、本間美術館 田中章夫館長、イボットソン・アソシエイツ・ジャパンの山口勝業 取締役会長、人の絆が市場を大きく育てることを鮮やかに描いてくれた古家野雄紀さん、美しい装丁をしてくださった鈴木成一デザイン室の皆さん、編集にご協力いただいたジャーナリストの加藤鉱さん、デザイナーの玉井いずみさん、集英社学芸編集部の佐藤絵利さん、ご協力してくださった皆さまに深く感謝を申し上げます。

２０１７年12月

株式会社日本取引所グループ

脚注

1章

＊1 島本得一によれば、この調整役を一部の藩では「相場聞合役」と呼んでいたそうです。

＊2 津藩と伊予藩は幕府の許可を得て人坂蔵屋敷を自ら所有していました。

＊3 大阪商業大学商業博物館総合展示案内参照。

＊4 島本得一『蔵米切手の基礎研究』（産業経済社）によれば、米切手の記載文言は藩間でほぼ同一で、違いは少なかったとされています。

＊5 高槻泰郎『近世米市場の形成と展開』（名古屋大学出版会）参照。

＊6 幸田成友「武家の金融に関する研究」参照。

＊7 高槻泰郎「幕府米切手統制策と大坂金融市場―田沼意次の金融行政―」参照。

＊8 大阪米市における米切手の流通は、あくまでも現物（米）取引の補完的なもので、限定的な金融機能であるとの解釈もある。

＊9 高槻泰郎の「冨子家文書」の「諸家様御廻米有無御答扣」資料調査による。

＊10 藩の中には大坂商人に借金を依存する体質の改善を試みた事例もありました。藤村聡『近世中央市場の解体』（清文堂出版）では、加賀藩が大坂商人（鴻池家）から在郷商人（木谷藤右衛門など）へ融資の借り換えを試したことを紹介しています。結局、加賀藩が必要とする巨額の運営資金を在郷商人から集めることは不可能であったため、加賀藩は幕末まで大坂商人との関係を保つことになり、試みは失敗しました。また、伊藤昭弘「18世紀の藩財政と

大坂金融資本」では、萩藩を題材に、藩財政における大坂商人との連結性を検証し、その実態を「大坂隷属体制」と描写しています。

＊11 『日本史小百科　貨幣』『近世後期における主要物価の動態』をもとに銀建てで米価を評価。

＊12 これが世界最初の公設の有価証券市場とも考えられますが、現在の日本の有価証券市場と連続した関係があるとまでは言えないと考えます。

＊13 高槻泰郎『近世米市場の形成と展開』(名古屋大学出版会)137項によれば、江戸幕府の米価調整の手段は3段階に分かれ、①価格を直接的に統制しようとする段階、②市場原理を利用しつつ需要を政策的につくり出そうとする段階、③資金供給のみを調整しようとする段階に分かれるとされています。

＊14 『八木のはなし』、田中太七郎『日本取引所論』(有斐閣)、宮本又郎『近世日本の市場経済』(有斐閣)、高槻泰郎『近世米市場の形成と展開』(名古屋大学出版会)を参照。

＊15 先渡契約と同じく、将来のある時点にある決められた価格で資産を売買することの二者間契約であり、通常取引所で取引されるものを先物契約と言います。堂島米会所は公設の取引所なので、先物契約とします。

＊16 これらの米切手だけが堂島米会所で売買されたということで、他藩の米切手がなかったわけではありません。堂島米会所で取引されることは、現代で言う上場とは少し異なります。現在の上場企業のような明確な基準があるわけではなく、米会所で売買されるには、それなりの量と品質がなければ相手にされないというようなことから、取引されるものが限定的だったようです。ここでの取引価格が全国のそのほかの藩の米の取引価格の参考になっていたと言えるでしょう。

＊17 堂島米会所では期を超えた取引(次の期に取引をそのまま移行させる)は認められていないので、必ず、すべての帳合米取引が清算されました。

＊18　高槻泰郎の計算によるものです。

＊19　鶴岡実枝子「筑後蔵空米切手考」を参照。

＊20　鶴岡実枝子の研究によれば、無利子で資金調達できる米切手を過度(交換不能の可能性が極めて高い状況)に発行する藩の事例は多数確認できるそうです。

＊21　Diamond and Dybvig (1983)参照。

＊22　山口勝業「江戸時代の米相場と本間宗久の投資戦略」(『投資顧問』No. 85)より。

2章

＊23　小谷勝重『日本取引所法制史』(法経出版社)より。

＊24　横浜居留地での外国人による米相場などの影響も指摘されています。生形要『兜町百年』(東洋経済新報社)より。

＊25　神奈川とは、現在の横浜市桜木町駅周辺を言います。

＊26　横浜には外国人が滞在できる地域として「居留地」が設定されます。

＊27　明治後には変動相場制へ移行しており、メキシコ銀と国内通貨との交換比率は、両替を行う商人が提示するレートで自由に決められていました。

＊28　交代寄合とは、旗本のうち、在地と参勤交代を認められた家を言います。

＊29　横浜組は明治期の金融業者を表す三井組などの組という意味ではなく、単に、横浜グループという意味です。

＊30　生形要『兜町百年』(東洋経済新報社)参照。

＊31　筆頭株主は、鍋島家家令・深川亮蔵。当時の大蔵卿大隈重信と同郷の名士であり、そういった経緯から政府の名代

として筆頭株主になったのではないかと考えられます。

＊32 本書では江戸期を通じて重要な金融機能を提供していた両替商について詳細に触れていませんが、明治政府設立当初に設けられた金穀出納所（昔の大蔵省の前身）の御用掛となったのが三井三郎助、島田八郎左衛門、小野善助の大両替商で、彼らの3家だけで、明治政府の当初の会計基金の1割を負担していたほどでした。政府発行の有価証券の売買に関しても、明治政府はこれら3家による金融機能の提供を中心に構想していたのです。ちなみに、両替商の定義は次のとおり。「江戸時代において金銀銅銭の両替のほか、商人や大名を主たる取引相手として預金の受け入れ、手形の発行・決済、金銭の貸付け、為替の取り組み・決済という金融業務を営んでいた個人経営の金融機関のことを言う」（鹿野嘉昭「江戸期大坂における両替商の金融機能をめぐって」『經濟學論叢』より）。

＊33 明治初期に金融機能を提供していた多くは、江戸期の両替商の流れを汲むものでした。明治政府が導入しようとした商業手形の再割引を中心とした新しい信用制度への移行には数十年を要したため、当初は、明治政府の財政・金融施策も、これらの両替商の流れにある金融機能を提供する業者と一体化し、いわば政商化したこれらの金融機関に実務面で依存していたと考えられています。

＊34 申合規則とは、売買物件や取引の方法が定められた規則のことで、現在は業務規程と呼ばれます。

＊35 金禄公債は、利回りが5％、6％、7％、10％の4種に分かれており、そのうち、最も発行高が多いのが7％でした。なお、秩禄公債は8％一律です。

＊36 資本金分割払込制度は、昭和23（1948）年の商法改正で廃止されました。

＊37 追加払込みを拒絶した場合、当該株主の保有株式は失権します。

＊38 資本金分割払込制度を採用し、未払込額が残存する株式も、東京株式取引所でほかの株式同様に売買することが可能でした。

＊39 当時、フランス、ドイツなどで採用されている制度で１８８４年にロエスレルにより起草された商法原案にも盛り込まれ、日本の商法でも採用されました。

＊40 『東京証券取引所20年史』より。設立経過年数を2年以上とする要件があったとも言われています(『日本証券史資料　戦前編　第6巻』３５０ページ)。

3章

＊41 その後、株式買上げ機関は、昭和12(１９３７)年設立の「大日本証券投資会社」、昭和15(１９４０)年に「日本証券投資会社」、昭和16(１９４１)年には「日本協同証券会社」と、相次いで設立されていきます。

＊42 戦時金融金庫は一方的に買い支えようとしました。

＊43 昭和22(１９４７)年、日本証券取引所は解散を命じられます。

＊44 仕切り売買とは、取引所での価格とは関係なく、証券業者と顧客が売買価格を決める取引のことです。取引所価格がある銘柄でも、顧客との取引価格は異なります。「価格を仕切る」ことから、仕切り売買と呼ばれます。

＊45 十大財閥とは、三井、三菱、住友、安田、鮎川、浅野、古河、大倉、中島および野村の各財閥を言います。

＊46 財閥解体の推進機関として、持株会社整理委員会(ＨＣＬＣ)が発足しました。財閥解体の対象となった会社は、83社に及びました。

＊47 三井家の場合、財産税の課税対象額3億５６４５万円に対し、財産税が3億６７６万円であり、86％を納税しました。

＊48 マッカート少佐は戦後たびたび話題になった「M資金」の頭文字になった人物です。日銀や取引所で財産没収を

行ったと噂されていますが、実際のところ、マッカートが取引所から没収したとみられるのは、戦時金融金庫と並んで無制限の市場介入を行った際に買付けた株式です。

＊49 比庵は、京都大学卒業後に司法官となった後、日本画家として活躍するかたわら、日光町（現在の栃木県日光市）の町長として観光振興に努め、高梁市の名誉市民に列せられました。高梁市総合文化会館に比庵の記念室が設置されています。

＊50 大正8（1919）年生まれ。大蔵省主税局税関部調査統計課長などを経て、日本鋼管株式会社にて海外部門を担当。

＊51 その銘柄の株価変動を見れば市場全体の変動がわかるとされる銘柄です。

＊52 実際に、平和不動産株式の利益の変動率と株価の変動率が一致しているということではありません。投資家の誰もが平和不動産という会社は市場の状況に収益が依存していると予測することによって、市場全体の価格変動率と平和不動産の株価の変動率が相関しているような状況を言います。

＊53 上場会社数より上場券種が多いのは、新株式銘柄が存在するためです。

＊54 昭和20（1945）〜24（1949）年までは売買を休止していた、という扱いになっているため、新規上場ではありません。

＊55 最初に白羽の矢を立てたのは富士通でした。当時の富士通には、後にコンピュータの生みの親と言われる若き日の池田敏雄が在籍していました。

＊56 東京株式取引所の新株のこと。増資の際に発行される決済時限付き株式です。

＊57 証拠金の積み増しのことです。

＊58 床から1・6メートル近くもある高いカウンターで、内側に若干傾斜した造りでしたので、カウンターの上に置

かれた板を見るのは身長が低い場立ちには大変でした。

＊59 昭和59（１９８４）年からできた現在の取引所の市場館では、4個のポストでしたが、旧ビルではもっと多くのポストがありました。これは、システム売買が導入され、立会場で売買される銘柄数が１５０銘柄になったからです。

＊60 Ａ３サイズの画用紙のような紙を横長に置き、その中央に定規で縦線を入れて、その縦線上に株価を書き、その縦線の一番上に銘柄名を書いて、左側に売り注文、右側に買い注文を記載したものを注文板と呼んでいました。上場銘柄について1枚ずつ（値段や注文量が多いと値段で分けて複数枚）あり、注文があると、鉛筆で証券会社名と株数を上下に小さく書き込みます。証券会社名はぎょく字という特別な記号で書かれ、約定すると当初の注文件数が斜線で消されて残りの株数が書かれていきます。才取会員という、証券会社同士を仲介する専門業者が、熟練の技巧で売買を裁き、この板を手際よく作成していました。

＊61 例えば3桁の株価だった銘柄の株価が4桁になるような桁数が増える場合や、５０００円というようなある節目の株価を迎えるような場合は、大台の株価と言われました。プロ野球で勝率を5割の大台とか、ゴルフで打数を１００の大台と言ったりするのと同じです。

＊62 状況や銘柄や売買単位によりますが、１０００株単位の銘柄の場合、10万株以上の注文は大口注文として場立ちたちは注意を払っていたようです。時には、１０００万株というような大きなロットの注文があり、そういう注文があると、場立ちのどよめきと情報連絡をする喧騒で、騒然となったのでした。

＊63 始値というその日最初の値段のことです。

＊64 すぐには５０００円という値段がつかない状態です。

＊65 立会場では、株数を何株とはあまり言いません。何枚という言い方をすることが多いようでした。

＊66　平成21（２００９）年１月５日、株券電子化が行われ、新しい株券は発行されなくなりました。

＊67　三井物産株式会社の前身にあたる会社の一つです。

＊68　実際に他社の注文を盗み見たと証明できるわけではありませんが、そもそも手サインでやっている以上、そういう先回りをできる環境にはあったと言えるでしょう。

年表

江戸期

慶長5（1600）年	関ヶ原の戦い。徳川家康を首班とする東軍が勝利する。
慶長8（1603）年	徳川家康が江戸幕府を開く。
元和元（1615）年	大坂夏の陣。豊臣氏が滅亡する。
寛文年間（1661〜73）年	この頃、米札と呼ばれる米の保管証書が酒田で使用されていた。
元禄年間（1688〜1704）年	大坂の町に蔵屋敷が増えていく。徳川綱吉、荻原重秀の通貨改鋳を許可。物価上昇。
享保元（1716）年	吉宗が江戸幕府第8代将軍に就く。
享保3（1718）年	本間宗久生まれる。
享保15（1730）年	堂島米会所の公許。
寛政3（1791）年	久留米藩の領主米引渡し拒否事件が発生。
享和3（1803）年	本間宗久死去。
文化7（1810）年	久留米藩の米切手交換拒否事件。幕府仲介で藩と米商人間の示談成立。
天保5（1834）年	田中平八生まれる。
天保6（1835）年	五代友厚生まれる。
天保11（1840）年	渋沢栄一生まれる。
嘉永2（1849）年	今村清之助生まれる。
安政5（1858）年	日米修好通商条約の締結。
安政6（1859）年	横浜開港。
慶応3（1867）年	大政奉還。江戸幕府終焉。

明治期

明治元（1868）年	大阪府設置。
明治2（1869）年	版籍奉還。明治政府、堂島米会所を閉鎖する。
明治6（1873）年	秩禄公債の発行開始。栄一、第一国立銀行を創設する。
明治7（1874）年	株式取引条例の制定。平八と清之助がフイドンと相場合戦。のちに両名共、東京進出。
明治9（1876）年	金禄公債の発行開始。清之助、人形町の砂糖蔵で債券の業者間売買を行う。
明治11（1878）年	東京株式取引所（東株）、大阪株式取引所（大株）の創業。

明治16(1883)年　東株、売買繁盛で建物が手狭となり町内で移転。

明治17(1884)年　田中平八死去。死後に「天下の糸平」と呼ばれるようになる。

明治19(1886)年頃　企業勃興期。鉄道、紡績を中心に会社設立が相次いだ。東株の上場会社数も増加した。

明治26(1893)年　山崎種二生まれる。

明治27(1894)年　日清戦争開戦(翌明治28年に講和条約を締結し終戦)。

明治31(1898)年　東株、さらなる規模拡張のため現在の場所に移転。

明治35(1902)年　今村清之助死去。谷中霊園に葬られる。

明治37(1904)年　日露戦争開戦(翌明治38年に講和条約を締結し終戦)。

大正・戦前昭和期

大正3(1914)年　第一次世界大戦勃発(大正7年終戦)。

大正12(1923)年　関東大震災発生、東株の建物は倒壊した。

昭和3(1928)年　旧東京株式取引所市場館が竣工(昭和59年まで使用)。

昭和6(1931)年　渋沢栄一死去。

昭和11(1936)年　二・二六事件発生、山崎種二が伝説の相場師になる。

昭和12(1937)年　日中戦争開戦。証券市場に軍事統制が及ぶようになる。

昭和16(1941)年　太平洋戦争開戦。勝利への期待から株価が上昇し売買が過熱、政府の規制が入る。

昭和18(1943)年　国策により東株、大株などを集約し「日本証券取引所」を設立する。

戦前昭和・平成期

昭和20(1945)年　第二次世界大戦終戦。GHQの命令で証券市場は閉鎖される。財閥解体が始まる。

昭和21(1946)年　新円交換目当ての集団売買が増え、兜町に活気が戻る。

昭和22(1947)年　GHQと日本政府による株券放出、国家的な投資家教育が開始(証券民主化運動)。

昭和24(1949)年　東京証券取引所、大阪証券取引所創立。戦後の証券市場が始まる。

昭和59(1984)年　東京証券取引所市場館が竣工(本館竣工は昭和63年)。

平成11(1999)年　東京証券取引所株券売買立会場閉鎖、全銘柄がコンピュータ取引へ移行。

平成13(2001)年　大阪証券取引所(大証)と東京証券取引所が株式会社化する(大証は平成16年上場)。

平成19(2007)年　東京証券取引所グループを設立(同年、東京証券取引所自主規制法人も設立)。

平成22(2010)年　大阪証券取引所、ジャスダック証券取引所と経営統合する。

平成25(2013)年　日本取引所グループ(JPX)誕生。

参考文献

・『悪人列伝　近代篇』海音寺潮五郎（文春文庫、２００７年）
・『雨夜譚』渋沢栄一（岩波文庫、１９８４年）
・「江戸期大坂における両替商の金融機能をめぐって」鹿野嘉昭（『經濟學論叢』52（2）、２０００年12月）
・「江戸時代における改鋳の歴史とその評価」大塚英樹（『金融研究』第18巻第4号、１９９９年）
・「江戸時代の米相場と本間宗久の投資戦略」山口勝業（『投資顧問』No.85～87、一般社団法人日本投資顧問業協会、２０１７年）
・『江戸時代のポリティカル・エコノミー』西川俊作（日本評論社、１９７９年）
・『江戸における米取引の研究』鈴木直二（柏書房、１９６５年）
・『江戸の米屋』土肥鑑高（吉川弘文館、１９８１年）
・『大蔵省印刷局百年史（全3巻）』大蔵省印刷局（大蔵省印刷局、１９７１～１９７４年）
・「大阪証券取引所　開設50周年記念」（『インベストメント』第52巻第3号、大阪証券取引所、２００１年）
・『大阪証券取引所史　第3巻』大阪証券取引所編（大阪証券取引所、１９８５年）
・『大坂堂島米会所物語』島実蔵（時事通信社、１９９４年）
・『大阪の研究　第4巻　蔵屋敷の研究・鴻池家の研究』宮本又次（清文堂出版、１９７０年）
・『カネが邪魔でしょうがない―明治大正・成金列伝』紀田順一郎（新潮社、２００５年）
・『株式取引所論　改訂増補』松本信次（高陽書院、１９３９年）
・『兜町百年』生形要（東洋経済新報社、１９６７年）
・『関西鉄道略史』
・『北上次郎選「昭和エンターテインメント叢書2」　大番（上）（下）』獅子文六（小学館文庫、２０１０年）

- 「享保改革の米価政策」大石慎三郎（『学習院大学経済論集』第2巻第1号、1965年）
- 『近古文藝温知叢書　第12編』北越逸民ほか編（博文館、1891年）
- 『銀座文化研究』第10号（銀座文化史学会、2016年）
- 『近世後期における主要物価の動態』三井文庫編（東京大学出版会、1989年）
- 『近世米市場の形成と展開』高槻泰郎（名古屋大学出版会、2012年）
- 『近世中央市場の解体―大坂米市場と諸藩の動向』藤村聡（清文堂出版、2000年）
- 「近世中後期の大阪における領主米流通―諸藩大阪登米高の検討―」宮本又郎（『国民経済雑誌』125巻第6号、1972年）
- 『近世日本人口の研究』関山直太郎（竜吟社、1948年）
- 「近世日本における相場情報の伝達―米飛脚・旗振り通信―」高槻泰郎（『郵政史料館研究紀要』第2号、2011年）
- 『近世日本の市場経済―大坂米市場分析』宮本又郎（有斐閣、1988年）
- 『近世日本の人口構造（オンデマンド版）』関山直太郎（吉川弘文館、2013年）
- 『近世米穀金融史の研究』土肥鑑高（柏書房、1974年）
- 『近世封建社会の貨幣金融構造』作道洋太郎（塙書房、1971年）
- 『近世封建社会の経済構造』脇田修（御茶の水書房、1978年）
- 『蔵米切手の基礎的研究』島本得一（産業経済社、1960年）
- 『蔵屋敷の研究・鴻池家の研究』宮本又次編（清文堂出版、1970年）
- 『月刊資本市場』2013年1月
- 『現代ディスクロージャー研究』第7号、2007年3月
- 「元禄・享保期の米価変動について」山崎隆三（『経済学雑誌』第48巻第4号、1963年）
- 『五代友厚　蒼海を越えた異端児』高橋直樹（潮文庫、2015年）
- 『五代友厚　士魂商才』佐江衆一（角川春樹事務所、2016年）

・『五代友厚と渋沢栄一』洋泉社ＭＯＯＫ（洋泉社、２０１６年）
・『米将軍とその時代』土肥鑑高（教育社、１９７７年）
・『米と江戸時代：米商人と取引の実態』土肥鑑高（雄山閣、１９８０年）
・『市場を創る』ジョン・マクミラン著、瀧澤弘和／木村友二訳（ＮＴＴ出版、２００７年）
・『七十七銀行百年史』七十七銀行百年史編纂委員会編（七十七銀行、１９７９年）
・『信濃名士伝　初編』松下軍次（私家版、１９８４年）
・「地主制形成期における農民的米穀市場について」大石慎三郎（『一橋論叢』第38巻4号、１９５７年）
・『渋沢栄一　上　算盤篇』鹿島茂（文春文庫、２０１３年）
・『証券』（第1巻第1号、１９４９年）
・『証券百年史』有沢広巳監修（日本経済新聞社、１９７８年）
・「戦前日本における資本市場の生成と発展：東京株式取引所への株式上場を中心として」岡崎哲二、浜尾泰、星岳雄（『経済研究』56巻1号、岩波書店、２００５年1月）
・『宗久翁秘録』（『宗久翁秘録：現代訳』山口鉄二郎、商取経済通信社、１９８８年）
・『そろばん』山崎種二（日本経済新聞社、１９７2年／パンローディング、２００９年）
・「第二世紀へのメッセージ―こだわりを持って努力し続ける人。それが、グローバルで活躍できる人材」ＷＡＳＥＤＡ ＯＮＬＩＮＥ（２０１４年早春号）
・『大名金融史論』森泰博（大原新生社、１９７０年）
・『大和証券百年史』大和証券グループ本社（大和証券グループ本社、２００３年）
・『高森の人―今村清之助・今村信行』高森町教育委員会編（高森町教育委員会発行、２０１5年、非売品）
・「筑後蔵空米切手考―西国大名経済と堂島―」鶴岡実枝子（『史料館研究紀要』第13巻、１９８１年）
・『天下の糸平（上）（下）』早乙女貢（文春文庫、１９８９年）
・『転換期幕藩制の研究―宝暦・天明期の経済政策と商品流通―』中井信彦（塙書房、１９７１年）

・『東京株式取引所五十年史』東京株式取引所編（東京株式取引所、１９２８年）
・「東京株式取引所の設立と日本証券市場の成立」浅田毅衛（『明大商学論叢』第81巻第3・4号、１９９９年）
・『東京証券取引所10年史』東京証券取引所編（東京証券取引所、１９６３年）
・『東京証券取引所20年史』東京証券取引所編（東京証券取引所、１９７４年）
・『東京証券取引所50年史』日本経営史研究所編（東京証券取引所、２００２年）
・『東京証券取引所創立30周年記念「とうしょう─東京証券取引所の現況─」』東京証券取引所編（東京証券取引所、１９７９年）
・『東京証券取引所と七十七銀行 九十年にわたるその歩み』ダイヤモンド社企画・編集（七十七銀行、１９８４年）
・『東京証券取引所ビル竣工記念』平和不動産編（平和不動産、１９８９年）
・『東京新繁盛記』金子佐平編（東京新繁盛記発行所、１８９７年）
・『堂島米市場史』須々木庄平（日本評論社、１９４０年）
・『徳川時代の米穀配給組織』鈴木直二（国書刊行会、１９７７年）
・「徳川日本の所得分布─１８４０年代の長州経済」西川俊作、齊藤修（『経済研究第58巻第4号』、岩波書店、２００７年）
・『翔ぶが如く（全10巻）』司馬遼太郎（文春文庫、２００２年）
・『日本貨幣金融史の研究─封建社会の信用通貨に関する基礎的研究』作道洋太郎（未來社、１９６１年）
・『日本銀行百年史（全6巻、資料編1巻）』日本銀行百年史編纂委員会編（日本銀行、１９８２〜１９８６年）
・『日本米価変動史』中沢弁次郎（柏書房、１９６５年）
・『日本史小百科 貨幣』瀧澤武雄・西脇康編（東京堂出版、１９９９年）
・『日本証券史資料 戦前編 第3巻─株式取引所の歴史（一）』日本証券経済研究所編（日本証券経済研究所、２００４年）
・『日本証券史資料 戦前編 第4巻─株式取引所の歴史（二）』日本証券経済研究所編（日本証券経済研究所、２００５年）
・『日本証券史資料 戦前編 第6巻─上場会社（一）』日本証券経済研究所編（日本証券経済研究所、２００８年）
・『日本証券史資料 戦後編 第4巻─証券史談（一）』日本証券経済研究所編（日本証券経済研究所、１９８４年）

・『日本証券史論』小林和子（日本経済評論社、２０１２年）
・『日本取引所法制史』小谷勝重（法経出版社、１９５３年）
・『日本取引所論』田中太七郎（有斐閣、１９１０年）
・「幕府米切手統制策と大坂金融市場―田沼意次の金融行政―」高槻泰郎（東京大学社会科学研究所、ディスカッションペーパーシリーズＪ１８８、２０１０年）
・『幕藩制社会の展開と米穀社会』本城正徳（大阪大学出版会、１９９４年）
・『旗振り山』柴田昭彦（ナカニシヤ出版、２００６年）
・『平和不動産四十年史』（平和不動産、１９９０年）
・『本庄栄治郎著作集　第六冊　米価調節史の研究』本庄栄治郎（清文堂出版、１９７３年）
・『明治期私鉄営業報告書集成（１）　日本鉄道会社　全5巻』老川慶喜代表編著（日本経済評論社、２００４年）
・「明治大正の投資家社会」寺西重郎（『成城大学経済学年報』第22号、２００９年4月）
・『八木のはなし』内藤耻叟、小宮山綏介（近古文芸温知叢書第2編、博文館、１８９１年）
・『雄気堂々』城山三郎（講談社、１９８６年）
・『夢空幻』堀和久（講談社文庫、１９９４年）
・〈ライフプランニング公式ブログ〉http://blog.excite.co.jp/exlifeplan/22922950/
・「18世紀の藩財政と大坂金融資本―萩藩を事例として―」伊藤昭弘（『日本史研究』５０６号、２００４年）Diamond and Dybring（１９８３）

著者　株式会社 日本取引所グループ（JPX）

（にっぽんとりひきじょグループ：Japan Exchange Group, Inc.）

JPXは、世界有数の規模の株式市場を運営する東京証券取引所グループとデリバティブ取引において国内最大のシェアを誇る大阪証券取引所が2013年1月に経営統合して誕生した持株会社。投資家をはじめとした市場利用者がいつでも安心して有価証券の取引ができるよう、子会社・関連会社を含めたグループ全体で、取引所金融商品市場の開設・運営に係る事業として、株券等有価証券の売買、デリバティブ商品の取引を行うための市場施設の提供、相場の公表、売買等の公正性の確保に係る業務、有価証券債務引受業等を行っている。

史料編纂　株式会社日本取引所グループ　金融リテラシーサポート部
（石田慈宏、千田康匡）

監修　鹿島 茂

装画　古家野雄紀「螺旋群像図屏風：金」（カバー）、「螺旋群像図」（扉）

ブックデザイン　鈴木成一デザイン室

日本経済の心臓　証券市場誕生！

二〇一七年十二月二〇日　第一刷発行

著者　株式会社日本取引所グループ

発行者　茨木政彦

発行所　株式会社 集英社

〒一〇一-八〇五〇 東京都千代田区一ツ橋二-五-一〇

電話 編集部 〇三(三二三〇)六一四一

読者係 〇三(三二三〇)六〇八〇

販売部 〇三(三二三〇)六三九三(書店専用)

印刷所　大日本印刷株式会社

製本所　加藤製本株式会社

定価はカバーに表示してあります。

ISBN978-4-08-786084-9 C0033